보이지 않게 반짝이는 별 하나

# 보이지 않게 반짝이는 별 하나

이도하 지음

마음시회

## 그래서 고맙고 그래서 아파요

틈나는 대로 원고를 써왔다. 정리해가며 몇 년을 보낸 것 같다. 읽고 또 읽고 고치고 다시 쓰기를 반복했던 시간들. 과연 내 글을 세상에 내놓을 수 있을까? 그 누군가에게 위로와 희망이 될 수 있을까? 내가 나를 인정할 수 있을까? 수많은 물음표와 씨름하던 어느 날, 나는 불편한 몸이 되었다.

아버지의 암 판정과 함께 기다린 듯 찾아온 나의 척추질환. 만나고 싶어도 편히 만날 수 없었기에 마음으로 울고 마음으로 아파해야 했다. 병환 속에서도 일상을 놓지 않으시고, 행복한 일 감사한 일만 생각하며 살자고 말씀하셨던 아버지. 전화기조차 들지 못할 정도로 약해진 내 손과 발에 힘이 생겨난 시간 1년. 나의 빠른 회복 속에는 아버지가 계셨고, 글을 향한 나의 열망이 있었다. 고마워요 아빠, 그 웃음 한번 보여주려고 당신은 얼마나 많은 통증을 감추고 있는지 저는 알아요. 그래서 고맙고 그래서 더욱 아파요.

불편했던 몸에 힘이 조금씩 생기자 밀쳐놓았던 원고들을 정리하기 시작했다. 과몰입이 심하기에 휴대폰에 알림 소리를 설정해놓고 작업을 하곤 했다. 자세가 불편에 엎드려 쓰기도 했고, 옆으로 누워서 메모하기도 했다. 때로는 서성이면서 원고를 읽기도 했다.

언제나 치유의 글쓰기를 하라고 말씀하신 아버지. 시를 쓰시는 아버지의 뒤를 조용히 걷는다. 아버지와 내게 빨강 신호등이 켜졌지만 치료는 병원에 맡기고 마음을 밝게 먹기로 결심했다. 부끄럽고 수줍음 많은 일기 같은 원고들에 마침표를 찍어야겠다. 다음 페이지가 기다릴 테니까.

시와 문학에 대한 고민이 많았던 나에게 큰 버팀목이 되어주셨던 여러 시인, 작가님들께 감사하다. 원고를 정리하며 출간의 의미를 깊이 되새겨보는 시간, 그 귀한 시간을 갖게끔 기회를 주신 도서출판 마음시회에도 감사의 인사를 전한다. 그동안 응원과 격려를 보내주신 많은 분들께도, 그리고 이 책을 읽어주시는 독자 분들께도 물론 감사하지 않을 수 없다.

투병 속에서도 흔들림 없이 자신의 길을 묵묵히 가시는 아버지와 그 곁에서 슬픔 가득한 시간을 지혜롭게 헤쳐나가시는 어머니께 사랑한다고 말하고 싶다.

2024년 초여름

이도하

## contents

**제1장**
**너라는 별**

너라는 별① 15
너라는 별② 17
대답 없는 날들 18
가슴보다 머리로 살아왔다 19
유리 화병 22
이유가 있겠죠 23
낙엽 26
별은 하늘에만 있는 것이 아니야 28
그랬던 거야 33
나는, 이해불가 34
살아내는 것이 중요하다 35
바다 38
무인도 40
내 안에 또 다른 내가 있다 42
가을은 슬프고도 아름답다 45
너라는 별빛은 49

제2장
## 슬픔의 무게

마지막 잎새　53
열쇠는 당신에게 있다　54
정말로 그게 맞느냐고 묻는다면　57
가을　62
바람은 어디서나 분다　63
그 어떤 절망 앞에서도　64
일기예보　68
당신은 혼자가 아니에요　71
작은 새　72
번 아웃 증후군　74
어둠이 내려앉는다　76
새벽 1시　77
동력　79
그렇게 익는 거야　80
다시 날개를 달자　82
다짐　86

제3장
# 조금만 더 기다릴까요?

사랑할수록 아프다  91
꽃비가 내리면  95
낙화  96
조금만 더 기다릴까요?  98
그대의 한숨 나의 쿠데타  102
길  105
섬이 되고 씨앗이 되고  106
은사시나무 숲에서  108
새벽, 마음이 내릴 정거장  110
쉬어 가도 괜찮아  112
속도 조절  114
쓸모없는 못  118
모서리  120
껍데기  122
밤송이  125
부드러워야 해요  125
남겨진 꽃잎  128
골든타임  130
밤을 깊이 건너왔는지  131
어떤 귀향  133

## 제4장
# 안아주기

눈 137
인연 139
바람에 날리는 눈처럼 142
그날을 기다리네 144
구절초 꽃밭에서 148
나다운 나를 찾아 151
불면의 날들 154
밤의 침입자 156
왈츠 160
틈 162
안아주기 164
코스모스 167
여행객 168
양지를 그리며 172
내게 희망이란 것은 174
하늘이 파랗게 열린 날 180
새 옷을 입어보세요 182
흔적 184

선택된 모든 길이 아름다울 수 없겠지만 후회만은 없기를

제1장

# 너라는 별

## 너라는 별 ①

쓸쓸히 혼자 있는 날 하도 깊숙이 숨겨놓아 꺼내기가 힘든 별 하나가 있다. 밤이면 수많은 별들이 반짝이고 새벽이 오면 별들은 사라지지만 사라지지 않는 나만의 별. 하늘을 올려다보지 않아도 내 마음 움직이며 눈물이 나는 까닭은 가슴속에 너를 묻어서일까?
이유 없는 몸살에 시달리다가 떨리는 손으로 달력을 넘긴다. 마음이 어두워진다. 오늘따라 더 반짝이고 있었구나. 숨이 멎을 것 같다. 너라는 별이 나를 일으켜 세운다. 오늘 밤은 하얀 눈가루가 왕창 쏟아졌으면 좋겠다.


나는 악착같이 외로워지고, 철저하게 고독해져서 악착같이 해볼 거예요.


포기요? 포기라는 건 최선을 다하는 사람만이 할 수 있는 거예요. 난 아직 당신에게 최선을 다하지 않았어요. 그게, 내가 당신에게 물러날 수 없는 이유에요.

## 너라는 별②

별빛 따라 오세요. 별빛 따라 벗 삼아 오세요. 그대가 까만 밤바다 건너오실 때 지나는 선박들의 조명이 길을 밝게 비추길. 새벽안개 자욱해지면 등대의 환한 등불이 길을 비추길. 오시는 길이 지루하시면 바다 위 몽글몽글한 별빛들이 구름을 벗어난 달이 세상을 비추듯 시린 추운 하늘도 비추며.

마지막 꽃잎이 떨어지면 꽃잎의 흔적이 남아 있을 때까지 그리워 할 것 같다. 하늘 아래 내리는 모든 것들은 별처럼 빛나는 흔들림 속의 왈츠. 소복히 쌓인 꽃잎 위로 내려앉은 수많은 사연들. 환한 하늘 가운데 별 하나 손끝이 시려오는 날, 한해를 살아낸 붉게 물든 사연들을 빈 주머니에 깊숙이 넣었다. 작은 별이 되어 다시 올 때까지 삭막해진 마음에 봄기운을 미리 불어 넣으려고.

### 대답 없는 날들

변함없이 당신이군요

뜸들이다가 메시지를 확인해요

미안해요, 내 목소리는 반칙이라서

늘 안부를 글로만 받아요

내 존재가 확인되는 순간

당신의 언어가 내 마음을 투영해요

그림으로, 시로, 노래이면서 눈물이에요

아픈 길모퉁이에서 내 마음이

당신이 존재하는 곳에 한참을 서있어요

오늘도 말없이 무심한 듯 바라만 봐요

## 가슴보다 머리로 살아왔다

참 아이러니하다. 내게 결핍은 스승이 되어주고 통증은 갈 길을 알려준다. 일상생활이 좁아지니 생각이 많아지는 듯하다. 나는 삶을 대할 때 어떤 가치에 초점을 맞춰왔을까?

병원의 모습은 밝지 않다. 응급상황에서의 분주한 의료진, 환자분들, 환자의 가족 분들, 간병하시는 분들 등 많은 사람들을 본다. 이런 모습을 보면 삶은 개인의 것만은 아니란 생각이 든다. 생명은 소중하고 세상 사람과 사람은 모두 하나로 연결되어 있음이 느껴진다. 숨 쉬고 있다는 것의 의미를 자각할 수 있는 하루하루들. 결론은 목표 지향적인 삶을 쫓았던 지난 시간들, 욕망은 비워내기다.

인생을 따스하게 보내야 한다는 데 생각이 미쳤다. 사람은 태어나면서 환경이나 교육에 따라, 스스로 만든 일상에서의 습관에 따라서 하나의 인격체로 성장하며 그 사람의 역사가 결정된다. 돌이켜보면 나를 둘러싼 모두가 아름다운 시간들과 따스한 사람들이었다. 어느 하나도 소홀하게 다룰 수 없었던. 모든 것을 물 흐르듯 흘려보내고 가벼운 마음으로 내 삶을 축적하고 싶다. 앞으로도 펼쳐질 내 시간들, 내 사람들을 사랑하며 따스하게 지내고 싶은 생각뿐이다.

새벽에 불을 끄고 침대에 누워 창밖의 달빛을 보면서 문득 찾아드는 생각. 보잘 것 없는 나의 생이지만 내가 여기에 오기까지 많은 사람들의 도움과 사랑, 관심이 있었던 덕이란 걸 느끼고 그 고마움이 따스한 이불처럼 차가운 온몸을 감싸 안아준다. 천방지축. 성격장애 불도저 같은 성질 사나운 걸 알면서도. 심지어 건강조차 영 형편없는 나를 모두들 따뜻하게 대해줬다. 내 깊은 심연을 알아봐주신 덕분이라는 생각 뿐.

누군가 비웃을 나의 착각일 수도 있겠지만 가족들과 나를 둘러싼 인적. 물적 환경에도 감사하다. 중년의 나이에 들어서니 이제야 철이 드는가 보다. 잘못하는 것 하나를 들자면 다들 하는 사랑이라는 것인데, 어쩌다보니 늘 피치 못할 사정이나 불가항력으로 좋은 연을 맺지 못하는 것 같다.

가슴보다 머리로만 살아온 것 같다. 그 머리 또한 차가우니 온전한 사랑이 이루어질 리가 없었을 것이다. 친구들은 그게 아니라고 위로해줬지만 때때로 내가 벌이는 이상행동들을 보면 나도 나를 모르니 타인이 날 어떻게 알고 버티겠나 싶다.

인간에게 생이란 단 한번 주어지는 것이기에 허용된 시간 속에서 늘 선택을 해야 했다. 또 그 선택이란 것은 언제나 인간의 불완전함에 기인한 선택이기에 반드시 옳았던 것은 아니었다. 그리하여 적지 않은 것들은 쓸쓸한 아픔과 회한이 되어 침묵 속에서 가슴 깊이 묻어두어야만 하는 일들로 켜켜이 쌓여있다.

불면의 밤을 지새다보면 내 지나온 길이 뚜렷이 보인다.

## 유리 화병

나의 이야기요?
떨어져 나간 유리 조각이죠. 사람들이 말해요, 모두 쓸어버리라고. 아니요, 조각을 모으려고요. 유리 화병을 만들기로 했거든요. 맞아요, 꽃향기가 그리워졌어요. 비가 와도 젖지 않을 거예요. 사라지지 않는 그대 향기처럼 향기는 남을 거니까. 꽃이 없는 유리병에도.

## 이유가 있겠죠

우리가 만나게 된 것에는 이유가 있겠죠. 우리에게는 이유가 있겠죠. 이 세상에는 완벽한 것이 없다는데 이유가 있겠죠. 갈 곳에 발을 잘못 들인 것만은 아니겠죠.

물끄러미 바라보던 글 속에 당신이 있다. 어두운 터널 속에서 외롭게 걸으며 힘겨워 하는듯한 몸짓으로. 나의 긴 한숨이 당신에게 파도처럼 밀려드는 침묵의 언어로 전해질 수 있을까? 살아있기만 하면 끝내 갈 수 있는 그곳에서 나를 기다리고 있을 당신을 상상해 본다. 밤이 새도록 마음을 흔들어 본다. 들릴 듯 들리지 않는 속삭임으로 글을 쓰려는데 노트 끝자락으로 당신이라는 글자가 떠나간다. 힘겹게 잡고 있던 펜이 떨어져 굴러간다. 막 떠밀리고 있었는데 또 어디로 밀려가실까.

서로의 몸을 놓지 못해 뒤척이는 밤. 엉킨 입술 사이로 거칠게 토해 냈던 숨소리. 서로의 품을 거칠게 오고 갔던 숨결만큼 쌓여가던 우리의 지난날들. 몸 속 깊이 파고드는 보드라운 당신의 살결도 메마른 입술을 뜨겁게 붙 태우며 가쁜 숨만 몰아쉬던 날도 새벽 소낙비만이 열기를 식혀주었지요. 아름다운 풍경이라던 나의 육신을 눈으로 새기며 놓치기 싫은 젊은 날 내 모습을 당신은 시의 향기로 그려냈지요. 거짓말처럼 다가와 거짓말처럼 꺼져버린 순간들.

당신이 없는 가을 아침, 당신 떠났던 가을이 인사를 합니다. 눈뜨기가 무섭게 뜨거워진 몸은 가시 같은 햇살에 눈을 뜨기 시작하고 각인되었던 온몸의 감각들이 아직도 당신을 찾습니다. 당신을 찾아 여행길에 오릅니다. 고장 난 시계 속에 잠든 당신을 깨워서 마지막 여름날 꿈을 속삭여주려고.

살아가야 할 생이 멀고도 먼데, 상처들을 안고 살아가지만 지우긴 힘들어 아직 사랑하고 있는 나의 시간들이 들리는가요? 숱하게 멍이 든 자리. 뜨겁게 끓는 핏물과도 같은 우리의 사랑.

당신은 먼 이국의 해류를 타는 출렁이는 파도 같아요. 시류의 비닐을 달고 출렁이는 해초 무리가 옆구리를 간질일 때에도 꼬리지느러미 흔드는 물고기 떼들이 내 몸을 스칠 때에도 시퍼런 바다 위 약해진 근육 심해 깊숙이 나무의 주검처럼.
어둠 속으로 멀어져가는 모습을 바라봅니다. 밤을 새워 충혈된 눈. 다녀갈 길을 밝혀온 가로등처럼 그저 바라봅니다. 당신이 어디까지 밀려갈지 모르겠지만 때가 되면 밀물처럼 다시 밀려오겠죠. 쓰라린 애증이 되기 전까지 늦지 말아요.


당신이여, 밤이면 곁으로 가 서성이며 지켜본 날 느끼셨는지? 밤새 내리던 빗소리 당신 곁에서 그리움 때문에 간절히 흔들어 깨우던 그 소리 들으셨는지? 날이 밝아오면 당신을 만날 날이 하루 더 당겨질 거라는 것을. 내 그대 당신에게 줄 수 있는 건 사랑뿐이라는 걸 아시는지?

# 낙엽

잎새의 흔들림 속에서
나를 보았다

생명의 씨앗을 품고
지상의 문을 열던 날
새들의 노랫가락이 뭉클해졌던 건
빈 마음에 콧잔등 향기를 안고서
붉은 마음 가슴에 품어버렸음이다

갈대 같은 마음
붉게 물든 단풍처럼
온 산을 물들이는 사연들
검게 말려 들어가길
숨죽여 기다리던 날들 뒤로하니
봄보다 짧은 가을인 것을

휘청이는 나뭇가지에 몸부림치며

바람 불어 떨어지는지

삶의 무게를 못 견뎌 떨어지는지

바람 부는 흔들림 아래

울음 왕창 쏟아놓는다

떨어져야 낙엽임을 알면서도

### 별은 하늘에만 있는 것이 아니야

아닐 거야. 아무렇지 않을 거야. 그저 잔바람에 잎새가 흔들릴 뿐이야. 괜찮을 거야. 떠나지 않을 거야. 최선을 다해 머물러줄 거야. 어둠이 시작되고 통증과 씨름하던 날이면 소중한 것들을 잃어버릴 것만 같은 불안과 초조함 속에서 도망치려는 나를 본다. 숨을 것만 같은 나는 나를 찾는다. 그 무언가를 증명해내려고. 길을 잃고 휘저어 스스로 찾아낼 길 위에 설 수 있도록.

때론 밤을 새웠다. 닳고 닳아 키 작아진 연필을 쥐고 창밖으로 비추는 달빛을 보며 마음의 소리를 냈다. 그 소리는 언제나 메아리처럼 혼자 듣는 노랫말 같았다. 이제 나는 나의 속살을 드러낸다. 바다가 갈라지는 갯벌, 파도는 멀어지고 길이 드러나듯 볼 빨개진 부끄러움을 안고.

나는 걸었다. 포장되지 않은 외진 길을. 군데군데 파인 길에는 눈물도, 땀방울도 지저분한 흙탕물도 고여 있었다. 언제나 고운 길로만 가길 바라시고 손을 잡아주시던 나의 아버지, 어머니. 아장아장 종종걸음으로 걷는 어른이 되어버린 나는 여전히 아이 같은 마음이다. 나이를 먹을수록 아버지와 어머니의 품에 안기고 싶은 어른아이다.

따스하지만 거칠어진 어머니의 손을 잡고 좁아진 아버지의 어깨 속에 안기고 싶다. 눈가에 눈물이 일렁거린다. 일렁임 속의 눈동자가 나를 보며 이제 웃는다.

어린 소녀 젖살 오르던 날, 할머니 간병에 자주 집을 비우시던 어머니. 늘 그립던 엄마의 치마폭. 먼 곳 발령받으신 아버지. 늘 그리움의 가슴속 별들이었다. 이산가족 같았던 시절. 이제 속 깊은 대화 나누려니 인생 절반쯤이나 와있고 몸도 마음도 낙엽 지듯 하나보다. 든든한 울타리 같았던 아버지, 어머니 어깨가 좁아지셨다. 어린 시절 아버지 집에 오시는 날이면 허겁지겁 달려오셔 나를 안아주셨다. 무지개 보듯 나를 보며 환하게 웃으시던 나의 그림자 아버지, 어머니. 미안해요. 고마워요. 사랑해요. 입 모양만 수줍게 내밀 줄 알았던 시절. 지금도 쉽게 떨어지지 않는 말들. 미안해요, 고마워요, 사랑해요.

오늘도 아버지께 시 한 편을 메일로 보냈다. 우리는 이따금 질문 해가며 답장을 받아보며 대화를 나눈다. 아버지는 아실까? 시 한 편으로 주고받는 당신의 사랑이 눈물나게 고맙다는 것을. 당신께서 내 삶의 축이라는 것을. 아버지와의 메일을 늘 주고받고 싶다.

넋두리도 달게 받아주는 수첩 하나 꺼내놓고 마음의 무게를 덜어낸다. 경계하자. 문장 속에 갇혀버릴 수 있다. 귓전에는 이명소리가 가득하다. 머리를 관통할 것 같은 날엔 끼적임에 마침표가 없이 잠든다. 설계는 고요하고 망상은 소란스러운 일. 하나의 마침표를 찍는다.

밤을 걷어낸 나의 나침반에는 시린 칼바람이 지나갔지. 발목을 잡히지도 않았는데 언제나 그 자리를 돌고 있어. 어느 날 작은 새 한 마리가 내 안에 들어왔어. 나는 새의 눈이 되어 보았지. 윤슬이 빛나는 호수를 떠올렸어. 또 다른 세상의 문을 여닫는 징검다리를 상상했어. 날이 선 내 눈빛은 봄눈 녹듯 녹아내렸어. 깊은 밤 내 안의 그 새 한 마리, 수면 위로 떠오른 달그림자도 밟았을지 무척 궁금해.

봄이 왔어요. 곧 꽃비도 내리겠죠. 곡선이나 바람결 타듯 사선으로. 무수한 꽃잎들이 소리 없이 아름답게. 바람을 일으키겠죠. 모두 흩어져가겠지만 시간과 공간의 이동일 뿐. 낙화는 아프지 않아요, 하얀 재가 되어 날아가는 그 순간에도.

추적추적 내리는 봄비에도 수많은 사연들이 흐르겠지. 황사가 유난히 심한 날, 비가 내렸어. 얼룩진 창가 내 손으로 다시 닦아야 했어. 손이야 지저분하면 좀 어때. 씻어내면 되니까. 이제 나는 얼룩진 창문을 스스로 닦을래.


강아지풀을 보았다.
물방울에 햇살이 반사한다. 물방울 속에 별이 빛난다.
별은 하늘에만 있는 것이 아니었다.

## 그랬던 거야

안개가 차오른 줄 모르고
흐린 날이라 생각했던 거야
문득 고개를 들곤
짙은 안개 속에 갇혀서
흐린 날이라 생각했던 날들
그래, 그런 거야
번잡하지 않은 수평선 넘어
바람에 밀려 소리도 없이 다가온
은빛 물안개가 고요함으로
산허리를 휘감았던 것처럼
그래서, 그랬던 거야

## 나는, 이해불가

누군가 내가 만든 성 안을 궁금해 하면 성벽에 늘어뜨린 시든 장미에도 가시가 돋는다. 어두운 얼굴은 진정으로 고독한 나와 만났을 때 내적성장이 이루어진다. 나는 성을 쌓으며 살고 있다. 너무나 이해가 안 가는 이 상황이 미칠 것 같았는데, 한편으론 너무나 이해가 가서 슬프다.

## 살아내는 것이 중요하다

진짜 고마운 사람은 살려준 사람이 아니에요. 살고 싶게 만들어 준 사람이지요. 그래요. 살고 싶어 하세요. 그 마음으로 살아가세요. 그런데 말이죠. 살아 있어야 살고 싶은 마음도 가질 수 있어요. 그러니 일단 살아있어야 해요. 어떤 경우라도, 삶이 아무리 버겁고 비참하더라도 일단 살아있어야 해요. 그래야 선택이 가능한 순간도 맞을 수 있어요.

삶 자체에 대한 선택은 언제든지 할 수 있어요. 하지만 그건 마지막 선택이 되어야 해요. 그 선택 이후로는 더 이상 아무것도 선택할 수 없게 되니까. 일단 살아 있어야 해요.

쓰러져도 실려 가도 다시 깨어나면 웃을 수 있는 일. 스스로 일어날 수 있다는 힘이 있다는 것은 얼마나 힘든 일이면서 행복한 일인가. 그냥 성실하게 노력하는 소박한 사람으로 살아간다는 것. 그 소박함이 쌓이고 쌓이면 업적이 되는 것이겠지. 굳이 애써 달리지 않아도 주저앉지만 않으면 사람은 늘 진보하는 것이니까.

그냥 성실하게 노력하는 소박한 사람으로 살아간다는 것. 그 소박함이 쌓이고 쌓이면 업적이 되는 것이겠지. 굳이 애써 달리지 않아도 주저앉지만 않으면 사람은 늘 진보하는 것이니까.

수용, 받아들임은 현명한 자세이다. 하지만 개선의 노력도 계속 해야겠지. 문제는 분명히 존재하는 것이니까. 시간은 정말 강한 힘을 갖고 있지. 그 시간 속에 버텨내고 살아가는 것만으로도 지나고 보면 많은 것이 좋아지고 이뤄져 있기도 하니까.

버텨내는 것이 참으로 중요하다. 살아내는 것이 참으로 중요하다. 삶에서 시련은 계속 반복되겠지만 이 시간이 지나고 나면 또 난 더 나아져 있을 테니까. 내가 더 강해져 있을 것이기에 전혀 두렵지 않으니. 힘든 순간에도 미래의 계획을 세우고 실행하고 있어야 한다. 시간의 힘을 믿는다.

오늘도 살아있어줘서 고맙다.
슬프고 힘들고 괴로운 사실과 망상이 옥죄고 있을지라도. 그럼에도 불구하고 스스로 포기하지 않고 버텨줘서 고맙다.


마음에 스크래치가 생겼다. 바람이 지나간 무늬가 맞을 것이라고 생각한다. 저녁 산책길에 나서면 풀벌레 소리가 가득하다. 가을이 시작도 하기 전에 이 자연의 삶과 죽음의 경계, 곧 가을을 닮아버리는 겨울이 빨리 올 것만 같다. 그만 지치고 싶다.


불행 중 다행인 것은 없지. 불행은 그냥 불행인 거야. 하지만 잊지 마. 살면서 쉬운 일은 하나 없지만 힘을 내야 해. 내 삶을 응원하고 있는 그 누군가를 위해.

# 바다

바다 곁의 길을 걷고 있어요. 바위에 부딪힌 하얀 포말들이 회오리를 치네요. 하늘 아래 흩날리는 눈 날리는 벚꽃 같아요. 휘몰아치는 파도 소리가 귓전에 맴돌아요. 조각난 기억과 그 파편들의 부서짐들. 바다 속 물고기처럼 떼 지어 춤을 추어요.

나는 바다 수면 아래로 가라앉고 있어요. 커져버린 몸이 바위 병풍을 뒤로 하고 쫓겨난 해녀의 몸을 한 채로 나도 따라 춤을 추어요. 엄마를 부르는 태동의 소리에 뱃고동 소리의 울림이 나를 불러요. 아가야 아가야 어디 있니? 나를 품은 바다 속에 나는 작은 씨앗. 힘줄로 엮어놓은 실타래. 그 안에 내가 있어요. 엄마 엄마 나 여기 있어요. 처음부터 여기 있었는 걸요. 이제 내 목소리가 들리시나요?

에이 모두 다 거짓말. 물거품 되어 사라질래요. 그래야 날 찾을 것 같아요. 간절히 날 찾고 싶을 테니까요. 그래도 그 모든 게 언젠가는 아름다움이 될 거라고 믿고 싶었어요.

내 인생의 밤을 노래해요. 그 밤을 세세하게 그릴 수 있어요. 상상력을 더해서 빛나는 눈으로 사기를 충전해 그날의 밤을 세세하게 그릴 수 있어요. 밤하늘의 별처럼 빛이 나도록 거친 파도에 몸을 던져 싸우던 그 밤을 그릴 수 있어요. 나는 절대 죽지 않아요. 왜 숨을 쉬고 있는지 깨닫기 전에는.

## 무인도

그대가

떠나간 빈자리에

빛바랜 만월이 스치고

하얗게 쌓인 눈발들이

차디찬 눈물이 되어

검은 바위 언저리로

흘러내리는

나는

망망대해 속에

끝없이 밀려가는

작은 무인도

## 내 안에 또 다른 내가 있다

새벽 세 시.
시계 초침 소리가 크게 들렸다. 소리 내어 나는 물었다. 귓속의 노랫소리에 묻혀 들었는지 못 들었는지 목소리는 점점 커졌다. 살아있는 건지 눈물을 선택할 수는 없는 건지. 시간이 흘렀다. 나와 마주치고 얽혀버린 밤, 메아리만이 돌고 돌았다. 시계바늘이 점점 빨리 돌아간다.

아침에 눈 뜨면 하는 일 중 첫 번째가 달력을 보는 일이다. 달력을 보며 한 장 한 장 넘길 때마다 단단한 벽에 가로막혀 숨조차 쉴 수가 없는 나날들과 나를 감싸고 있는 내 껍데기 한 장 한 장 사라져가는 기분을 느끼게 해준다. 나 자신이 허탈한 숫자 안에 갇혀버린 건 아닐까? 뒤늦게 다가와 안녕 인사하고 있는 또 다른 나.

내가 태어난 10월은 포근했을까? 인생의 중반쯤에 서서 달력 한 장이 너덜너덜해지고 있는 것이 보인다. 만지작만지작 물기 많은 손을 탄 달력 한 장이 젖어간다. 내 안에, '나'라는 아이들이 수근대고 있다. 기분과 불안정한 신경을 가라앉혀주는 약물을 투입시킨다. 나는 물로 돌아가야 한다


기찻길 옆 근처를 자주 걷곤 해. 소음이 고맙게 느껴지거든. 길게 늘어뜨리는 한숨소리, 아이같이 훌쩍거리는. 소음과 먼지가 휘감아 올 때 난 바람소리에 휘감겨지지. 그게 참 고마워. 더는 가둘 수가 없어. 비우지 않으면 더는 살 수가 없어. 쏟아내야만 하는 거다. 비처럼 물이며 마음이며 흐르는 것에는 다 이유가 있단다. 무서울 것 없단다. 펑펑 울어라.

## 가을은 슬프고도 아름답다

바람에 떠밀려 가을이 왔다.
그리움 하나씩 꺼내 햇살에 기댄다. 멀리서 전해지는 그리움의 숨결들, 텅 빈 마음 가을 향기로 채워볼까? 모든 걸 멈추게 한 나의 긴 한숨이 파도처럼 밀려드는 침묵의 언어로 전해졌으면 좋겠다. 늘어지게 나른한 몸 햇살에 기대어 차가웠던 가슴속에 숨 쉬는 가을 햇살의 언어를 담고 싶다.

창을 열었다. 휘청거리는 몸을 간신히 붙들고 기도했다.
꿋꿋이 살아온 나답게 살게 도와달라고.

닫힌 커튼 사이로 빛줄기가 스며들었다. 가을 향기가 따라 들어와 방안에 가득 찼다. 익어가는 이파리가 나를 부르는 소리가 들린다. 호숫가로 자리를 잡은 바람과 햇살, 산 속에 자리 잡고 부르는 새들의 노래, 불면의 밤을 지새우던 날들 뒤에 마음의 파편 조각 하나씩 꺼내 녹이고 낙하하기 시작하는 낙엽 사이에서 화려했던 꽃잎이 저물어가는 자리에서 고독이라는 이별 합의서를 한 장씩 호숫가에 흘려보낸다.
가을은 부활의 전도인가. 성근 나뭇가지, 시든 풀잎 사이에서 또 다른 부활의 봄이 까맣게 꿈틀대고 있다. 곁에 두어도 아름답고 멀리 보내는 길도 아름답다. 가을은 슬프고도 아름답다.


찰나. 생사라는 엄청나고 확연한 구분점도 아주 짧은 찰나에 나의 의지와는 무관하게 결정되기도 한다는 것. 찰나를 어떻게 보듬어야 할까? 모든 게 거짓말 같기만 한 이 세상 온통 한숨으로만 가득했던 이 공간. 거꾸로 돌아가는 시계. 뒤집어진 달력들. 꺼져있는 벨소리.


조각난 기억, 퍼즐을 맞추던 날. 세월의 중간쯤에 섰다. 곧 나을 것 같은 두 발이 내린 정거장은 어디쯤일까? 무거운 침묵들로 지새우던 날들. 작은 조명만을 켜놓고 마음 길 닿는 두 발 아래 새끼손가락 손톱만큼의 먼지조차도 없는 이 자리, 오염된 세상 안에 숨어버린 나의 육신은 검은 모래알 흐르는 밤바다에 적신 채. 세상의 빛을 마주하면 또다시 두 손을 뻗겠지.

나뭇잎이 붉게 타오르면 그 아름다운 모습에 사람들은 환호한다. 나뭇잎은 스러져 가고 있는 건데……. 찬 서리를 맞은 낙엽은 많이 아플 거야. 그래도 숙명인 걸. 낙엽 뒤엔 서리가 내리겠지. 괜찮아 다시 봄은 오니까.

초겨울 앞서 손끝 시리기 전에 보내기 싫었던 가을의 끝자락을 주머니에 몰래 깊숙이 넣었다. 노을의 여울 시간 황금빛 노을 내게 앉을 때 물새 한 마리 길모퉁이 돌아 둥지를 찾아 나서고. 가파른 언덕에 부딪힘 때로는 어지럽게 물질하는 아픔이 마음의 질서를 어지럽게 하는데 기찻길 옆 소음이 고맙게 느껴지는 길게 늘어뜨리는 한숨만 소음과 먼지가 휘감아 올 때.

앙상해지는 가로수들을 보고 마음속 어딘가 저리는 것은, 잊혀져가는 것은 당연하다는 것을 알기 때문일까. 내리는 비도 바람도 떨어지는 낙엽도 지나는 시간들 그 모든 것들에는 무게가 없으니 잡고 싶어도 잡을 수 없는 것들이다. 꿈속에서도 아득한 그리움으로 남는 일들이다. 지워지고 잊히는 일들이다.
떠날 준비조차 하지 못한 채 거리를 헤매기보다는 성장하고 치유되기 위한 길을 걸어야 한다. 오늘도 그런 길로 걷자. 수채화를 그리듯 맑은 마음이 번지도록 고요하고 평화롭게 묵묵히 걸어가자.

### 너라는 별빛은

빛바랜 이파리들이 저물어간 자리
낙엽 밟는 소리가 들린다

성근 나뭇가지 사이로 드러난 하늘은
한 생애를 마친 고독의 이별 뒤에도
다시 찾아오는 또 다른 부활의 봄

가을 한 줌의 추억은 쓸쓸하게도 하지만
밤이면 시린 마음 오색 단풍으로 물든
너라는 별빛은

오늘 밤 내게
쏟아질 것만 같다

제2장

# 슬픔의 무게

## 마지막 잎새

바람이 오기 전부터

슬픔이 출렁거렸다

떨어질 것이 무서워

너를 떠나 사라진다는 것이

두렵기만 해

끝내 너의 손을 놓지 않았는데

나를 체념하게 한 것은

바람도 두려움도 아닌

슬픔의 무게 더한

눈물 때문이었다

불구가 되어 저문 삶

한 생애 지나가면

다음 생이 올까

다시 또 절절히

너를 사랑할 수 있을까

## 열쇠는 당신에게 있다

뾰족함을 숨기지 못하겠다. 가끔 비집고 나온 날이 서 있는 송곳이 보인다. 늘 마음 비웠다고 생각했다. 조심하려 애를 쓰지만 앙탈을 부리고 있다. 어쩌다 불쑥 튀어나온 당신의 말이 나의 가슴을 찌른다. 마음 준 적 없는데 혼자서 자라버린 손톱처럼 늘 내 마음을 할퀴고 있다. 꽃샘추위에 칼바람 스며들고 붉어진 마음 쓸어내는 꺾지 못할 순애보다.

새가 사랑스러우면 훨훨 날 수 있도록 새장의 문을 열어줘야 해. 사랑을 기억한 새는 다시 돌아오거든.

열쇠는 당신에게 있다. 늦은 밤이면 행여 찾을지 모르는 발걸음 소리 가로등 아래서 서성이며 헤맬까 봐 창문 반쯤 열고 자야 했었다. 나는 베갯잇 적시는 눈물로, 당신은 말 못하는 눈물로 왔다가는, 눈물밖에 줄 수 없는 가난한 사랑.

가로등은, 밤을 새우는 숱한 영혼들의 얼마나 많은 사연들을 지켜보았을까?

까맣게 타들어 가는 마음, 가슴을 데인 것 같은 아픔은 그대가 나를 떠난 이유만은 아니다. 버려진 세월의 곁에서 쉬었다 간 가슴의 뜰 안에 붉은 노을 머무는 곳, 가슴속 맺힌 열매들이 메아리로 울리고 있기 때문이다. 흔들림도 없이 감당해내는 보이지 않게 반짝이는 별 하나 가슴속에 살기 때문이다.

## 정말로 그게 맞느냐고 묻는다면

떠오르는 얼굴이 많아서 차라리 입을 닫습니다.
비 내리는 길을 걸었죠. 비를 맞고 떨어진 나뭇잎을 봅니다. 찬란했던 한 시절 잊은 채 한 잎 두 잎, 잔바람에 뒹굴며 겹겹이 쌓이고 있네요. 들썩이는 가벼움 사이사이로 물기를 머금은 외로움의 무게가 잎새들을 누릅니다. 촉촉이 젖어 쌓인 잎새들은 말합니다.
무겁게 우릴 누른 것은 포근한 사랑이야,
봄이면 햇살에 싹을 틔운 것을 보았거든.

눈물이 쏟아져요. 내리는 비와 잎새가 당신과 나의 모습 같아서. 그대는 왜 이제야 내게 왔나요. 웃어야 하겠죠? 사랑합니다. 꼭 해야만 하는 일처럼 의무처럼 사랑하고픈 마음이에요. 난 아직 몰라요. 그대만큼 깊은 사랑 알지 못하니까. 사랑한다고 말해왔지만 난 돌아서고 있죠. 미안해요, 그대 내 사랑.

아팠다. 그 아픔에 아무리 치장을 해도 시무룩한 표정과 쓸쓸함을 들켰다. 그대 곁에 있지 않을 수 없었다, 그대 곁에 서야만 나를 볼 수 있었기에. 어두운 골목길 나만의 가로등처럼.

사랑이란 그 존재만으로 감사한 일인데 가까워질수록 당신이 그리운 것은 왜일까? 당신은 침묵으로 갈증을 느끼던 시간 속에 내리는 고마운 단비 같다. 당신이 내려준 비를 맞을수록 지난날 기억들은 희석되어 간다. 겹겹이 쌓여가는 나무의 나이테들과 풀어놓아 번져가는 물감처럼 내 마음도 어느덧 붉은빛으로 물들어 간다.

둘이 되는 게 무서운 사람이 있고, 혼자가 되는 게 무서운 사람이 있다. 나를 당신에게 보내려면 얼마의 시간이 걸릴까? 함께 걷는다면 참 좋을 텐데, 때론 짐까지 들어주면서.

이기려 해서도 안 되고 받아들여서도 안 된다. 내 안에 네가 깨어날 즈음 온몸이 바짝 말라 휘어진다. 땀방울에 젖은 옷이 축축해진다. 한바탕 소란이 끝날 즈음 넌 조그마한 틈 사이로 미꾸라지처럼 빠져나가버린다. 나를 옥죄는 너. 나의 생과 사를 오가는 매 순간이 전쟁이다. 내 안의 너를 조심스럽게 타일러본다. 균형점에 있는 힘의 중심의 흔들림 속에서 너를 붙들기 위해 기울기로 애를 쓴다. 손안에 들어왔다 싶으면 또 다른 기약을 하며 달아나 녹아버리는 물거품 같은 너. 나는 내 안의 너를 떠나지 않을 수도 있다는 지독한 사랑에 빠져있는지도.

햇살을 밟아 놓고 간 시련의 침묵, 긴 밤 나 혼자 몸부림친다. 나를 당신에게 보내려면 아직도 많은 시간이 필요할까? 하지만 그대의 사랑만은 배우고 싶지 않았다, 아픈 당신의 사랑만은.

사랑하는 모든 존재에게 그 어떤 대가도 기대하지 않고 내가 가진 가장 귀중한 것을 줄 수 있다면 비로소 그때 세상은 사랑스럽고 아름답게 보일 거예요. 언젠가는 무너져야 하는 줄 알고 슬픔을 준비해야 하고 훗날 눈물을 흘리게 되더라도. 마음을 비우면 모든 것이 고요해지니 텅 빈 들녘 가을의 색채가 선명하게 보이고 가슴속 가을도 깊어만 갈 겁니다.

바람은 언제나 당신의 등 뒤에서 불고,
당신의 얼굴엔 항상 따스한 햇살이 비추길.
그대 계신 그 자릴 지켜주시길.

# 가을

노을이 하얀 담벼락에
불씨 한 알 내려놓았다
찬바람 불기 전에 울타리 쳐야겠다

햇살이 이글이글 타고나면
갈대 같은 마음의 심지에
노을처럼 옮겨 붙어

아직은 덜 익은 담쟁이 파란 이파리
빨갛게 태워 버릴지 몰라

가을이 까만 아스팔트 길바닥에
뚝뚝 떨어질지 몰라
타버릴지 몰라

## 바람은 어디서나 분다

파문이 일었다.
풍랑이 심했고, 돛단배 한 척에 실린 몸. 바다를 버리고 산을 올랐다.

산 속 깊은 골짜기 은사시나무 숲. 시간과 바람 사이를 헤엄칠 때마다, 땀방울과 잎새들이 부딪힐 때마다 바람결에 깨어난 새들은 울었다. 바람의 여울목 노닐던 새들의 무리가 붉게 물든 잎새를 물고 서둘러 세상을 향해 날아오를 때 바람이 지나간 자리마다 깨우는 어둠의 침묵 위로 붉은 물이 들어갔다. 물길 따라 바람 분다. 그 사람 가고 없다. 빈 둥지에 바람 분다.

## 그 어떤 절망 앞에서도

어떤 사람이 그러더라.
"얘는 학창시절 학교 앨범이 하나도 없네. 학교 다닌 거 맞느냐고? 겉보기엔 멀쩡한데 어떻게 살아온 거라 생각해?"

학교 앨범이 왜? 그게 뭐가 중요해서? 교도소에 다녀온 사람에게 수감생활 때의 사진이 하나도 없는 것이 이상할 것은 없잖아? 지우고 싶은 기억일 수도 있고, 굳이 지우고 싶진 않아도 그렇다고 애써 간직할 필요가 없는 기억일 수도 있고.

사진은 추억을 저장하는 가장 유효한 수단이야. 추억이 아니라면 당연히 사진으로 저장할 이유가 없겠지. 잊기 위한 가장 좋은 방법은 안보는 거야. 아웃오브사이트 아웃오브마인드. 안 보면 멀어지게 되어 있지. 그 첫걸음은 사진을 지워버리는 것이야. 안 봐야 멀어지거든. 보면서 아파하는 것은 어리석음이야.
어떤 절망 앞에서도 쓰러지지 말아야지. 기꺼이 포기하지 말아야지. 그것이 희망고문일지라도 감사함을 잃지 않으면서. 회한, 후회, 분노가 내 그림자 뒤에 있더라도.

돌밭을 걸었어요. 점점 숨이 차고 힘들었어요. 쉬엄쉬엄 걸었어요. 누군가 쌓은 돌탑들이 눈에 띄었어요. 나도 탑을 쌓았어요. 바닥에는 큰 돌을 놓아야 하니 그 하나를 놓는 것이 힘이 들더군요. 두 번째 단은 바닥보단 작은 돌이지만 들어 올려야 하기에 더 힘이 들었어요. 처음부터 돌의 크기에 맞춰 안정감 있게 쌓지 못했어요. 쓰러지고 다시 쌓기를 여러 번 반복해야 했어요. 세 번째도, 네 번째도 돌은 조금씩 작아지는데 힘은 오히려 더 들었어요. 마음속으로 돌탑의 모습을 상상하면서도 포기할까 싶었어요. 어느새 눈높이까지 쌓았을 때 가볍게 한 손으로 들 수 있게 되었을 때 한 단 한 단 쌓는 것이 즐거웠어요. 하늘을 향해 올라가는 돌탑을 보며 나의 꿈을 그 작은 돌에 실어 올렸어요. 포기하지 않을 때 또 다른 나의 탑을 쌓을 수 있겠지요.

나무는 그 모습을 지켜내려 땅 속에 뿌리를 내린다. 길을 가던 사람에게 기대어 쉬게 하고 새들의 지친 날개 쉬어가도록 든든한 의지처가 되어준다. 누군가 기대는 것을 주저할까 봐 겉으로는 올곧게, 자신의 고통은 땅 속에 감춰두고 혼자 감내하면서 나무는 끊임없이 뿌리를 내린다.

스스로를 가누기도 버거운 세상에서 누군가를 지켜낸다는 것은 쉽지 않은 일. 아파도 치료도 못하고 지쳐만 가는 사람들이 많은 세상인 것 같다. 언젠가는 내가 그들에게 나무 같은 사람이 될 수 있을까? 쉽게 기댈 수 있도록 굳건한 모습을 지켜내며 내 아픔은 스스로 치유하는 '나'. 큰 욕심일지도 모르지만 이런 마음을 가질 수 있는 것이 '나의 용기'라고 믿는다. 용기를 잃지 말자.

넘어져봐야 크게 보이는 하늘. 바닥을 보고 걸어야 하는 우리는 시시각각 변하는 하늘의 모습을 자주 보지 못한다. 넘어짐의 실패를 맛본 사람은 그 실패에서 하늘같은 생각의 지혜를 얻는다. 지금 나쁜 상황에 닥쳤을 때 더 넓게 보려는 마음을 가지라는 의미를 되새기고 맑은 하늘의 푸름에 이따금 끼어드는 구름처럼 시련도 우리에겐 멋있는 추억을 만들어줄지도 모른다.

아무것도 없는 하늘보다 듬성듬성 떠다니는 구름이 있는 하늘이 얼마나 아름다운가. 아무 일도 일어나지 않는 날보다 가끔씩 뜻하지 않는 작은 실수가 있을 때 우리의 삶에 아름다운 추억이 더해지지 않겠는가. 나를 깨우쳐주는 타인의 말 속에서 나를 돌아볼 줄 아는 용기를 길러야겠다.

## 일기예보

산허리를 휘감은 안개

밤새 쌓인 하얀 그리움의 색

구름 타고 내려온 하얀 도화지에

화살 같은 손끝 붓질의 시작이다


봄을 그리고, 여름을 그리고

붓끝으로 묻어나는 가을비도 그린다


붓질의 끝자락 하얀 도화지 위로

희미한 너의 발자국이 걸어 들어온다


순간, 왈칵 터지고 만다

강한 붓 터치, 우산으로도 가릴 수 없는

일기 예보였다

슬픔의 무게

## 당신은 혼자가 아니에요

아프면 아프다 말하고, 힘들면 그냥 쓰러져도 괜찮아요. 비가 오면 우산 속으로 숨어드는 것이 맞는 거예요. 당신의 어깨에 짊어진 삶의 무게로 넘어지고 싶을 때가 있다 해도.

## 작은 새

밤을 걷어낸 나의 나침반에는
시린 칼바람이 휙 지나갔다
발목을 잡히지도 않았는데
언제나 그 자리를 돌고 있는 나

카메라 앵글 속에 작은 새 한 마리가 들어왔다
나는 또 다른 세상 새의 눈이 되어 본다

윤슬이 빛나는 호수
또 다른 우주의 문을 여닫는
징검다리가 될 때
앵글 속 날이 선 내 눈빛이
봄눈 녹듯이 녹아내리고

저 새 한 마리, 수면 위로 떠오른
달그림자 밟았을까?

슬픔의 무게

## 번 아웃 증후군

수저도 들 수 없을 만큼 힘들었다. 이따금 찾아오는 번 아웃 상태. 병원 신세를 졌다. 병원을 오래 다니다 보면 개인적으로 나빠지는 것이 나의 통증보다 눈앞에 펼쳐지는 모습들이다. 그 모습들에 우울감이 더해진다는 것. 아프고 슬픈 표정들과 어두운 표정들, 심각하고 진지하고 무거운 분위기. 웃음이라곤, 음악소리라곤 전혀 들을 수 없다는 것.
유방암 투병 중인 친구가 내게 말한다. 생기 없는 얼굴을 감출 줄 알라고. 여자임을 잊지 말라고. 그러고 보니 나는 중성적인 사람이 되어가면서 립스틱 하나 바르지 않고 지낸 것 같다.
이따금 통증이 느껴진다고 해서 마음이 강둑으로 휩쓸려 무너지지 않기로 했다. 운명의 덫에 걸리는 일은 없다고 생각한다. 다 이유가 있고 그 순리 대로 살아가는 것이 아닐까. 비가 계속 내린다고 하여 퉁퉁 불어 넘치는 물소리에 고개만 내밀어 바라보는 모습. 비가 내려 움직일 수 없는 내가 되지 않도록, 그리고. 빗속에 갇히지 않도록 노력하자.

내가 아픈 몸이란 걸 느끼는 요즘, 사람들과의 만남을 줄이고 조용히 나를 돌아보는 시간이 많아서 좋다. 고요한 산책길 자연과 벗하며 사색하고, 내가 접근할 수 있는 문제, 지금 무엇을 할 수 있고, 할 수 없는지, 해서는 안 되는지 내 한계를 정확히 알 수 있다.
여기저기 다니며 많은 사람들을 만나고 자기 성찰의 시간을 버리는 때론 무의미했던 시간 낭비가 없어졌다. 내가 좋아하고, 싫어하거나, 해야만 하거나, 불필요한 일 그 경계선에 서서 선을 긋고 바라볼 수 있게 되었다. 재미난 건 홀로 있을수록 할 일이 많아서 하루하루를 여전히 바쁘게 지내기도 한다.


인생의 파도를 맞지 않는 사람은 없다. 그 파도가 이끄는 대로 가거나 파도를 뚫고 자기가 원하는 곳으로 가거나.

## 어둠이 내려앉는다

밤을 걷어낼 서툰 붓질

발목을 잡히지도 않았는데

언제나 그 자리에 있는 나

오늘도 붓질로 허무의 집을 지었다

우주의 문이 열리는 것 같은

노을이 내려앉는 신비로운 하늘

청산을 베고 누운 영혼의 별을 상상한다

멈춰 보이지만

쉼 없는 날갯짓

내려앉는 새들의 춤사위

긴 겨울의 터널 끝에서

봄볕 와르르 무너지면

내 가슴 저 하늘처럼 물들까?

쉼표와 마침표의 새벽 앞선 시간

달빛 따라 잔물결이 출렁이네

## 새벽 1시

나는 듣고 남은 못 듣는다. 내가 듣는 걸 남이 듣지 못할 수도 있다. 다른 사람이 다 듣는 걸 나만 못 들을 수도 있다. 나는 보이지만 남은 못 볼 수가 있다.

밤하늘을 보기 위해 창문을 반쯤 열어놓는 습관이 있어. 눈도 밝아지고 귀도 밝아져 반짝이는 별들이 가슴속에 살고 있다는 그 흔한 노래 가사가 흐르고 있어. 오늘은 시커먼 먹구름뿐이네. 보이지 않는 곳에 반짝이고 있겠지?

이런 생각이 나. 틀어막고 있는 눈물샘은 두 개뿐일까? 새벽, 신체 에너지가 가장 낮아지는 시간. 오늘이란 밤은 늘 고비야.

## 동력

꿈에서 쫓기다 잠에서 깼다. 협탁 위 멈춰 버린 시계가 조용하다. 태엽을 감아주지 않았더니 멈춰버렸다. 부지런히 태엽을 감으며 숫자를 센다. 매일 시계가 멈추지 않게 일정한 간격으로 태엽을 감지만 잃어버리는 일이 잦아지고 있다.

시계를 맞추고 침묵의 시간들을 깨운다. 창밖을 보니 아직 깜깜하다. 멈췄던 시계 초침 소리가 귓가로 밀려왔다가 파도 소리처럼 바깥으로 퍼져 나간다. 기이한 음악 소리처럼 달팽이관까지 도달한다. 세상이 정한 시간에 나의 오늘을 리부팅한다. 시계 초침 소리가 서둘러 어둠을 빨아들인다. 눈을 비비며 나는 나를 깨운다. 시동을 켜며 자동차가 출발하듯. 반드시 그래야만 한다는 듯.

## 그렇게 익는 거야

흔들리며 사는 거야

꺾이지 않게

휘이 휘이

바람이 심술궂게 불 때

무릎 한 번 더 굽히고

허리까지 굽혀가며

나를 숙일 줄 아는 거야


그래

그렇게 익어가는 거야

가을 파란 하늘에

점점이 하얀 구름 날 때

옹골찬 열매 맺어보는 거야

## 다시 날개를 달자

진통제? 그건 통증을 잠시 잠재워 줄 뿐이야. 마취제 같은 것이겠지. 강제로 잠들지만 깨어나면 또 그 현실에 놓여 버리는.

진짜 진통제는 즐거움이야. 즐거움이란 진통제는 통증을 잊게 해 줄 뿐만이 아니라 치료도 해주더라. 웃을 일? 맞아. 잘 안 만들어져. 웃을 일을 만들려고 노력하는 것은 또 다른 고통이 되기도 하더라. 일상에서의 웃음. 사소함에서 오는 웃음. 그게 가장 좋은 진통제임을 알게 됐어. 그건 참 만들기도 쉽고.

매일같이 하루에도 수십 번 스스로 약을 만들어 투약을 하고 있지. 그게 나의 하루하루야. 오늘, 오늘을 살면 되더라고. 내일은 또 오늘이 되니 또 오늘을 사는 거고. 그렇게 시간이 쌓여가니 내일을 계획하게 되더라. 이걸 어른들이 그렇게 말씀했나 봐. 삶은 살아가는 게 아니라 살아지는 거라고.

스폰지가 물을 머금은 듯 무거워진 마음, 물거품처럼 사라졌으면 했던 슬픔들, 뜨겁게 여물어 가는 뜨거운 햇살만큼 마음에 화상을 입었던 계절. 깊은 사랑과 진실한 아름다움을 세상 둘러봐도 잘 몰랐던 내가 손닿는 모든 것들과 일상 속에서 깊은 감사와 감동을 받는다. 하늘의 맑은 싱그러움에 감사를, 사람들의 미소와 웃음소리에 감사를.

흰 구름에 연둣빛 물감이 스며든 것처럼 들풀들이 녹빛의 숲을 이루고 있던 게 엊그제 같은데. 실개천가의 또랑또랑 울어대는 물 흐르는 소리가 이명을 씻어내듯 귀를 맑게 하는데. 차가운 벽들과 건물 사이로 숲을 이루는 들풀 숲과 꽃잎 사이로 날갯짓하는 나비의 춤이 흐느적거리는 해초 같은 아름다움을 선물하는데. 세상에는 아름다운 선물 같은 것들이 이렇게나 많은데…….

삶의 진리와 순리대로 물 흐르듯 받아들이고 나도 물처럼 흐르자. 앞으로 쏟아질 밝음을 더하는 태양은 나의 삶과 내가 기도하는 모든 분들의 삶에 기쁨과 축복의 길을 열어줄 거야. 지금 내 곁에 있는 모든 것들은 언젠가 떠나려는 것이 아니라 최선을 다해 머물러주는 것임을 알고 감사하자. 바람의 강약에 겁먹을 필요 없어. 떠밀리지 않고 날면 되니까.

슬픔의 무게

## 다짐

나는 점점 좋아지고 있다. 어느 순간 많은 것들이 갑자기 좋아질 것만 같은 예감. 밤새 자는 동안 몸이 굳기에 아침 컨디션이 가장 안 좋은데 오늘 처음으로 몸이 가뿐하다. 기분 좋다. 그래도 갑자기 활동량 늘리면 나아지려는 몸이 금세 다시 나빠지니까 이럴 때 컨트롤 잘 해야 한다!

닫힌 커튼 사이로 빛줄기가 스며들 때 계절의 향기가 스며들어 방안 가득 잠기곤 해. 익어가는 이파리들이 바짝 말라 안녕이라고 손짓을 해. 화려했던 꽃잎이 저문 자리에서 빛바랜 풀잎 스러져 간 자리에서 낙엽 밟는 소리 새들의 노래에 담아 고독한 이별 합의서를 한 장씩 호숫가에 흘려보내야겠어. 성근 나뭇가지, 시든 풀잎 사이에서 하나씩 드러나는 작은 씨앗들. 한 생애를 마친 고독의 이별 뒤에는 또 다른 부활의 봄이 까맣게 꿈틀대고 있겠지.

숨품의 무게

제3장

# 조금만 더 기다릴까요?

## 사랑할수록 아프다

가슴 안에 빈자리 있었나 보다. 조밀하게 뛰는 숨소리가 이 밤, 귓전에 대고 뛰는 듯하다. 한낮에 두고 간 당신이 반쯤 마시고 간 커피 잔을 어루만진다.

오랜 세월 모질게도 살았다. 세상은 내가 원하지 않은 것들로 만들어진 늪에 나를 갇혀놓았다. 너무 깊이 빠져버린 내 삶에 사랑이 비집고 들어올 틈이 없었다.

이게 사랑일까, 사랑을 알면 외로움의 싹도 자라나기 시작하는 것인가. 눈앞을 가리는 물기를 거둬내며 수화기를 들었다. 이 밤에 무슨 일이야, 아픈 거 아니지? 떨리는 목소리. 당신은 이런 내가 우습겠지만 당신을 알고부터 아파. 야속하다. 세월은 쏜살같이 흘러갈 텐데 사랑한다고 드러내어 왜 말 못하는가.

눈물이란 걸 흘리게 되었다. 메마른 장작같이 살던 삶 속에 굳어갔던 나의 정서에도 빗물 내리듯 눈물이 흐를 수 있다는 것을. 겨울 빈 들에 나가서야 비로소 알게 된 사랑. 내 인생 속으로 무모하게 걸어온 당신의 사랑이 황혼의 들판에서 온 편지처럼 느껴진다. 당신의 편지가 마침표 없는 편지였음 좋겠다.

혼자 견뎌내야 하는 것으로 살아왔지만 당신에게 기우는 마음이 커 갈수록 아프다.

**꽃비가 내리면**

봄이 오면 벚꽃이 날리더라. 발등에 꽃잎을 두고 가더라. 내 마음과 이어지니 인연이더라. 꽃비가 날리면, 꽃비가 날리면 나는 마음 잃은 사람이 되더라.

괜찮다, 괜찮다. 넌 다시 올 테니까.

## 낙화

꽃이 떨어진다

꽃이 떨어지면

꽃의 흔적이 남아 있을 때까지

떨어진 그 꽃도 그리워할 것 같다


꽃이 그리우면

별 아래 흔들림 속에서

나도 꽃이 되려나?

떨어지는 꽃을 본다

그 꽃 속에서

나를 본다


피었다 지는 것이

꽃이란다

조금만 더 기다릴까요?

## 조금만 더 기다릴까요?

오래된 약속들이 무너지고, 그대 떠난 길로 발길 돌려 무작정 나서는 길. 쏟아지는 꽃비 속을 걸어서 갔지. 타박타박 걸어서 갔지. 꽃비를 맞고.

그래, 조금 더 기다려줄 걸. 가만히 곱디고운 당신 물길 따라 찾아가게 할 걸. 씻겨 내려가게 할 걸.

아픔은 선명하다. 너무 큰 상처를 입으면 아픔보다 남을 흔적을 더 염려한다. 마음이 아프면 상처가 더 아파 보이는 게 사람이다.

비개인 오후, 공지천 가로수 거리를 걸었다.
긴 머리카락을 어루만지고 계십니까, 두 뺨과 귓전에 대고 속삭이고 계십니까? 바람은 볼 수 없고 잡을 수 없지만 다 끌어안고 들이키고 마시겠습니다. 하늘을 바라보는 순간, 커다란 사랑을 그린 구름이 연기를 내뿜는다. 커다란 하트 모양의 구름이다. 그대가 계신 곳에서 부는 바람이 전해준 것 같다. 볼 수 없고 잡을 수 없지만 바람을 바라보는 이유다.

사랑해.
사랑해.

빈 나뭇가지에 걸리지 전에 잡아야 해. 뭉개지기 전에 내 마음을 바람에 얹어보자. 당신을 사랑해요, 우리 저 하늘만큼 사랑하기로 해요. 그립다 한들 돌아오지 못할 사랑을. 순식간에 시야 밖으로 사라져버려 뭉개질 구름일지라도.

조금만 더 기다릴까요? 차디찬 댓바람 흩어지는 내 가슴 언덕 위로 서편 하늘 아래 석양빛 내려앉을 때 빛나는 후광 뒤로 봄을 함께 노래 부르던 당신의 어깨선이 시선을 사로잡습니다. 그대가 손짓 합니다. 태양 볕 아래 우연히 들렸던 소낙비 손님 같은 그대가 내게 손짓 합니다. 흔들리는 갈대 마음을 구름처럼 다가와 감싸준 당신, 약속 없던 만남을 뒤로하고 기약 없는 약속만을 다시 한 채로 그대 식어가는 숨결만 작은 손 가득 꼭 쥐고서 제자리걸음 하며 기다립니다.

속울음 소리 사이로 작은 낙엽의 노랫소리가 들려와 가을 풍광이 아름답던 날에 갈바람 불던 언덕 위를 다시 오릅니다. 가슴속 하얀 백지에 새벽 꿈 속에서 소리 없는 아우성쳤던 기다림도 아름답다는 그 말은 날 위로했지만 기다림의 끝은 보이지 않고 이렇게 눈을 멀게 하였습니다. 그대는 구름이라서, 떠도는 구름이라서 기다림이 시작한 이 언덕에서 바람타고 온 구름 배에 그대 숨결 모두 싣고서 그대 계신 처음 그곳으로 다시, 떠나보냅니다.

## 그대의 한숨 나의 쿠데타

그대가 떠납니다
식고 있는 커피

눈을 감습니다
그대 만질 수 없음은
내 숨이 끊어지는 일
낯설지 않은 동작으로 멀어지는
그댈 차마 볼 수 없어

반쯤 남은 커피잔
떠난 그대의 자리가 진창입니다

정당하지 않아도 좋았을 무모함

그대라는 세상을 배회했던

나는 눈을 적셔야만 하는 걸까


밤하늘 별빛으로

이불을 만들어 덮어야겠습니다


그대 마음의 전복을 꿈꿉니다

고독이란 외줄을 타면서

## 길

도심의 거리를 걸었다. 낡은 건물 벽 틈이 난 벽 사이로 실뿌리를 내리고 하늘 향해 흔들리는 들꽃의 모습이 애처롭다.
고운 시선과 맑은 이슬 받지 못해도, 골목 찬바람 사이로 오가는 이들의 발길에 채여도 작은 몸 꽃 한 송이 피워 견디는 삶의 고단함이 엿보인다.


선택된 모든 길이 아름다울 수 없겠지만 후회만은 없기를 바래본다.

## 섬이 되고 씨앗이 되고

비에 흠뻑 젖은 여름날, 시간 속 부는 바람으로 허기진 배를 채우던 날이었다. 앞의 발자국이 밟아온 흔적들을 뒤 발자국이 따라올 때 붉게 빛나는 노을의 향기가 타들어가고 허수아비 같이 박혀있던 심장도 뜨겁게 태웠다.

맑은 날의 오후 외톨이 나무 하나 서 있었다. 무리 속에서도 홀로 서 있는 나를 보았다. 계절이 물들어갈 때 바람은 안개를 밀어내고 양철지붕 두드리는 빗소리가 귓전으로 다가와 나를 잡념 속으로 밀어내고 있었다.

무슨 일을 하는가가 중요한 것이 아니라 어떤 환경에 서 있는 것이 나다운 나일지. 도착지점이 한 계절쯤 되는 버스 한 대를 갈아타고 무료한 시간 잡념 속 무한 공간을 날아본다.

심산 골짜기에서 눈물이 흘렀다. 바람과 바람이 만나 물결이 일자 바다로 가는 천 년 여정에 혼을 싣고 지평과 수평이 만나는 길 위에 섰다. 못 다한 인연의 정으로 만나 섬 하나를 이루고 단단한 큰 바위를 바로 선 채 서있는 그 자태, 윤회의 늪에 빠져야 인연의 한을 깎는다지? 까맣게 타는 마음은 바위에 부딪힌 하얀 포말들과의 마찰에 밤하늘 아래 밤바다 별 되어 흩뿌려지고……. 붉게 물든 마음 노을의 빛처럼 태워버린 쪽빛 사랑의 메아리로 섬 하나를 만든다. 난 작은 섬 하나가 된다.


바다 속 길을 걷는다. 발끝 닿는 바닥까지 내려앉고 싶다. 수면 아래 가라앉아 커져버린 몸이 바위 병풍 뒤로하고 쫓겨난 해녀의 몸을 한 채로 힘줄로 엮어놓은 실타래에 감싸 안긴다. 태동의 소리가 들리기 시작 한다. 평온함은 나를 감싸 안고 나는 씨앗이 된다.

## 은사시나무 숲에서


눈발이 흩날리던 날
천지 속 감춰진 비밀을
나무는 알고 있다

찬바람 휘몰아치는 눈과
메마른 나뭇가지를 흔들며
낙엽들을 떨어내는 일들

바람이 미는 대로
눈발이 흩날려도
가을과 겨울 사이
운명의 굴레 속에서

빗물도 눈물도 강물 아래로

슬픔이 눈보라처럼

날아가던 날

바라볼 수밖에 없는

운명의 굴레

그 변함없는 사랑 앞에

내가 서 있다고

## 새벽, 마음이 내릴 정거장

마음이 내릴 정거장에 두 발이 멈춘다. 연초록 새싹의 봄 같던 마음이 별빛으로 흐르던 새벽, 아침 햇살에 머리를 빗고 마음 단장을 하며 새하얀 가슴으로 변해가기 위해 노력했다. 짓밟히던 들풀들의 숲 사이에 때 아닌 이슬이 내려 분홍빛 꽃잎을 피워내더니 가슴을 적시는 따뜻한 노래가 전해진 날에는 고인 물 가득한 눈동자에 파문을 일으켰다. 그때서야 일으킨 파장으로 떨리는 눈가의 떨림. 멈춰 있던 고인 샘물들이 터져 흐르기 시작했다. 내 발 따라 지쳐버린 그림자를 위로하기 시작했다.


새벽안개 하얀 연기를 품어내는 시간, 팍팍한 가슴을 안고 새는 상공을 오른다. 속울음과 들려오는 새의 음률 바람을 등에 업고 새는 날아오른다.

그리움일까? 떠남은 다시 돌아오겠다는 약속이듯 반짝이는 윤슬 위로 새의 날갯짓이 고요히 서 있는 내 마음을 적셔놓고 간 걸까? 나는 그 답을 얻고 돌아온 걸까? 새의 노래로 부르면 메아리가 답이나 할까?

사람들은 알까요, 새벽이 아름답단 걸. 고요함 속에 차 향기와 잔잔한 음악소리, 책장 넘기는 소리는 더 좋습니다. 창밖 교회 십자가 불빛을 바라보며 사색에 잠겨도 봅니다. 나를 뒤돌아 볼 수 있다는 것, 누군가를 용서할 수 있다는 것, 동 터오는 하늘을 보며 생각에 잠깁니다. 사랑이라는 이름의 색깔로 새하얀 도화지에 그려도 봅니다. 그리운 이름 세 글자도 새겨봅니다.

### 쉬어 가도 괜찮아

우리 함께 길을 걸어요
곁에서 걸을 수 없다면
뒤따라 걸을게요
두려워 말아요
당신의 길을 가세요
단, 뛰지 마세요
의자가 보이세요?
힘들지 않아도 좀 앉아서 쉬세요
힘들면 바닥에 그냥 앉으세요
뭐 어때요
옷에 묻은 흙먼지
털어내면 그만인 걸

조금만 더 기다릴까요?

## 속도 조절

전 항상 나아지려고 노력을 해왔어요. 힘든 순간이 생기면 문제 해결을 위한 학습에 초점을 맞추다 보니 회복력이 좋았죠. 위기나 역경이 닥치면 오래 머무르지 않되 도약의 발판의 기회로 삼으려 노력해요.

현명한 사람이고 늘 잘 대처한다는 거 알아요. 두 가지 모르는 것이, 때론 느린 것이 더 빠르다는 것. 때론 부족함이 더 충만하다는 것.

돛단배를 생각해 보세요. 바람이 불어야 움직이고, 바람이 강해져야 속도가 오르죠. 근데 그 바람이 너무 강하면 전복돼요. 삶의 모든 순간, 삶의 모든 과정, 거기엔 늘 속도 조절이 가장 중요해요.

낡고 닳은 오래된 책들이 좋다. 새로움도 채워야 하지만 난 그렇다. 누렇게 뜬 낡고 색 바랜 오래된 책이 좋다. 오랜 시간을 함께 세월 보냈을 책들, 책 사이 잔털 갈라짐 사이에서 나는 종이의 향취, 노랗게 바랜 불규칙한 모양새, 닳아 찢겨진 상처 모두 간직하고 있는. 새롭고 화려한 것보다 사람도 물건도 오래된 시간 속에 따스해진 정이 좋다.


아무리 즐거운 것도 멈춤 없이, 쉼 없이 하면 놀이도 노동으로 변한다. 하고픈 것을 열심히 하다 쓰러지면 결국 아무것도 못하게 됨을. 천천히, 쉬어가며 해야 끊임없이 계속 즐길 수 있음을 다시 한번 느낀다. '자기 절제'가 '자기 사랑'의 삶이다. 잘 걷지도 못하면서 달리려고 하지 말자.

안개 속의 풍경은 늘 혼돈스럽게 한다. 보이는 데 보지 못한다. 안개 때문만은 아니다. 회색도시의 삶. 안개가 지나간다. 그냥 앉아 쉬노라면 길은 열리고 안개는 걷히는데 쉼 없는 발걸음, 안개를 걷어내고 안개 속으로. 안개가 아름답다. 회색빛 도시에 살고 있는 나. 보기 싫은 모습을 가려준다. 난 가끔은 흐린 날이 좋다.

나는 들풀이다. 바람이 나를 밀면 애써 버티지 말아야겠다. 삶은 앞으로 얼마나 더 많은 것을 내게 보여주고 싶은 것일까? 그만 울고 싶어졌다. 보이지 않는 내 욕심이 두려우면서도 한없이 알고 싶어졌다. 몰랐던 나의 모습과 숨겨진 나의 속내를 점점 알아가는 것. 성장은 아프다.

## 쓸모없는 못

나는 못입니다, 서랍 깊은 곳에서 잠자고 있는. 언젠가 내 설 자리를 찾아서 단단한 벽 속을 당당하게 뚫고 들어가 내 작은 몸에 묵직하게 걸릴 중력을 힘껏 떠받칠 기회를 엿보고 있는 쓸모없는 못입니다. 못을 찾는 손길이 서랍에 닿을 때마다 선택되는 영광이 내게 다가올 것 같은 기대와 설렘으로 두근대는 가슴을 쓸며 내리길 벌써 수십 수백 번.

절망의 멍에로 나는 빨갛게 녹슬고 있습니다. 몇 번인가 내게도 기회가 있었지만 빗나간 망치질로 나를 들고 있던 손에서 굴러 떨어질 때는 원망의 싹만 키워야 했습니다. 이젠 더 이상 녹슬지 않게 당당하게 설 수 있는 쓸모 있는 못으로 내 몸에 매달릴 중력과 겨루는 기사로 일어설 기회 오늘도 기다립니다.

구석진 작은방 침묵들이 들어와 살고 있었다. 땅과 하늘이 함께 갇혀 산 지도, 낡은 액자 속 수채화로 갇혀 산 지도, 늘 그 자리에 있던 산을 떠나보낸 것처럼. 가위눌려 쫓기며 쫓아가며 부끄러움만 하나 둘 쌓아가던 뒤돌아보지 않던 침묵 속에 갇혀 살던 지난 날들. 나를 지배하려 했던 침묵들을 마주하면서 이제 나는 기지개를 펴기 시작했다.

## 모서리

모서리에서 있다

어둠이 내려앉으면

둥근 저녁노을빛 한 점을 찾는다

빛을 찾아도 꺼져버린 마음 찾을 수 없어

흩어져버릴 것만 같은 내 육신이 모서리마다

날카롭게 각이 되어 서 있다

그럼에도 빛을 찾고 있다

날카로움에 베인 눈빛이 되어 바라본다

잃어버린 알맹이 없는 껍데기를 바라본다

얼마나 더 헤매야 내 육신을 채울 수 있을까

알맹이가 없는 육신이 다른 이의 몸에 붙어 숨을 쉰다

나는 나를 모른다 롤러코스터 같은

곡선을 타며 사선의 기울기로 사는

출렁거리는 삶이 살아있다는

마지막 몸짓이다

어쩌다홀로버려지고아니면저절로떨어져

머무는것이필연이된것일까

우연이라고하기엔명쾌한답을내리지못하고

시간이지나고있다더이상파란하늘을

날아가는새를보지못할수도있겠다

어디좋은약이없을까마음이텅빈사람이되었다

눈을뜰수가없다안개가자욱이번져있다

힘겹게침대아래로두다리를내려일어선다

수많은사연들이적혀있는해묵은노트들

태워날려보내야한다죽어가는마음들을

위로하는방법일수도있겠다

## 껍데기

뜨거운 날씨에도 여러 벌의 옷을 입고 다니는 친구가 있다. 몇 겹의 옷을 입고 있을지 궁금할 정도로 그녀는 함께 걸을 때 모습이 뒤뚱거린다. 한여름이지만 얼굴만 내놓고 다닐 정도다. 그리고 늘 춥다고 연실 중얼거린다. 어떻게 하면 입었던 옷을 한 겹씩 벗어내고 가벼워지는 모습을 바라는 나는 가슴이 아팠다. 극적인 아름다움은 모든 것을 토해냈을 때 느껴지듯이 흔적조차 없어질 때 서글픈 아름다움이라도 남기 마련이라 생각한다.

그녀를 보며 나를 돌아봤다. 내 안에 나는 몇 겹의 옷을 입고 있는지. 하루 일상을 마치고 잠자리에 들기 전 가벼워진 모습이 되고파 벌거벗고 누워 있는 시간의 나를 생각해 보면서, 침대 밑 빼곡히 쌓인 나를 감싸고 있던 껍데기들을 본다.

# 밤송이

날카로운 가시투구로 자신을 보호하는 밤송이
겉으로 보호하고 안전한 껍질 안에서 영글고 영글어
비로소 다 자란 후에 날카로운 가시투구

기다렸다는 듯이 달려드는 벌레와 다람쥐와 새들
자신은 다 성장했고 강해졌다고 믿은 밤송이
그것이 아니라도 스스로 살기 위해
가시투구를 벗어던져야 했던 밤송이
정작 가시투구 안에 있을 때는 아무도 신경 쓰지 않았다
강해졌다는 자신감을 갖고 세상에 나왔지만
온갖 존재들의 공격에 나약하게 휘둘리는 밤송이
그 밤송이 한 알을 조심스레 꺼내어 땅속에 묻는다

밤송이는 알지 못한다,
거친 흙 속에 묻어버리는 나의 진심을
그래야 커다란 나무로 성장할 수 있음을

## 부드러워야 해요

대나무 마디는 단단하다. 대나무에 마디가 없으면 쉽게 부러진다. 나에게도 마디가 있다. 내가 걸어 온 시간의 결정체. 단절과 불연속 그 마디와 마디의 연결. 모든 마디는 나의 에너지. 상처와 좌절을 견뎌낸 나의 성장점.

나에게는 유독 마디가 많았다. 불꽃처럼 뜨겁던 시간과 불타버리고 하얗게 남은 잿더미 같은 그 경계의 자리에 내가 서 있다. 나는 또 어디로 갈 수 있을까? 마디를 돋아낼 수 있을까? 그 마디의 끝은 어딜까? 그 끝에서 나를 찾을 수 있을까?

절박해지지 않으면 미래에 회상될 추억도 절실할 수 없는 것일까요? 아니요. 절박함은 아픈 기억만을 남겨요. 절박함에서 벗어나야 해요. 편안해져야 해요. 단단한 땅에선 씨앗이 움트지 못하니까. 땅이 부드러워야 씨앗은 새싹을 틔울 수 있으니까. 절박하지 말아야 해요. 단단해지면 안 돼요. 편안해져야 해요. 부드러워져야 해요.

꽁꽁 얼어붙은 겨울 연지. 씨앗을 탈탈 털어내고 빈 마음으로 얼어붙은 연지방. 비록 얼음 속에 갇혔다 해도 둘이라서 따뜻한 겨울처럼 보인다.

눈은 공극이 크다고 한다. 눈이 살짝 녹으며 각자의 힘을 잃고서야 서로 뭉치면서 다시 얼어붙기를 반복하며 두꺼운 얼음이 된다. 이렇게 단단한 얼음으로 형성되면 어지간한 햇볕도 쉽게 녹이질 못하더라. 때론 각자의 힘을 살짝 잃어줘야 하나가 되어 단단한 얼음이 되고, 각자의 힘을 살짝 내려놓아야 하나의 물길을 따라 함께 흐르겠지. 각자가 살짝 힘을 빼야 비로소 서로 엉겨 붙어 강한 얼음이 되듯 사람들의 마음도 그럴 것이다.


강은 안다, 자신이 밟고 있는 지형의 특성에 따라 흘러야만 한다는 것을. 굽어지는 강줄기의 구간에선 물이 느리게 흐르기 마련이다. 물줄기가 직선으로만 뻗었다면 어떤 생명체도 살아남지 못할 거란 생각이다. 강줄기가 직선으로만 흐른다면 유속이 빠르기에 땅에 물은 쉽게 고갈되겠고. 모래나 바위가 모이는 둔 턱도 사라져서 물고기들은 집을 잃을 테고. 침식과 퇴적으로 부드러운 나선형을 만든다. 강은 자신이 모든 생명을 관장함을 알고 때론 빠른 속도로 때로는 더디게 흐르고 있는 것일지도 모른다. 인생을 살아가다 보면 급류에 휩쓸리는 시간도 있겠지만 시간이 지나면 부드러운 곡선을 만들어 평안함을 찾아갈 것이다.

큰 비가 내리면 순식간 개천에 물이 불어나며 넘칠 듯 넘실넘실. 저 많은 물이 어디에서 왔을까 싶은데 무서움을 느낄 사이도 없이 물은 또 어디론가 흘러가 버리고 개천은 평상을 되찾는다. 물은 자기 길을 안다. 자기가 무얼 해야 할지도 알고. 크게 밀려오면 빠르게 사라져 버리고. 졸졸졸 흐를 땐 천천히 흐르며 머물기도 하고. 알아서 왔다가 알아서 가는데 시시각각 그 모습을 보며 동요하는 건 우리들 마음일 뿐.

### 남겨진 꽃잎

오늘은
꽃잎이
두 잎 떨어졌다

꽃 전체가
툭 하고
떨어져버리질 않으니
참 고맙다

조금만 더 기다릴까요?

## 골든타임

생사를 뒤바꾸는 시간.
사람이 공동체를 이루며 사는 이유가 서로의 골든타임을 지켜주기 위함이겠지. 골든타임은 반드시 의료영역에서만 다뤄질 단어는 아닌 것 같다. 삶에도, 일에도, 사람 관계에서도 심지어 놀이에서도 골든타임은 존재하고, 그 타임을 놓쳐버리면 치러야 하는 대가가 커지거나 심하게는 이후의 모든 노력이 무용지물이 되기도.

골든타임. 늘 경각하고 있어야 할 시간인 듯하다. 수술 후 남을 후유증과 장애 판정에 대한 고민. 자연 치유 회복을 위한 치료 방법, 자생력 키우기. 내게 주어진 두 가지의 갈림길에서 지금 선택한 치료 방법들의 결과가 좋도록 노력해야겠다는 생각뿐이다.

오늘 하루만 지나면 침대 위에서도 글을 쓰거나 노트북을 쓸 수 있다. 누워서 쓰는 침대용 독서 거치대가 도착한다. 너무나 기다려진다. 설레기까지 하다니. 할 수 있는 것에 감사를. 그 방법들을 찾아내는 용기 있는 나 자신에게 고맙다. 시간 싸움할 필요는 없으니 매순간 최선을 다해보자.

## 밤을 깊이 건너왔는지

깜깜한 절벽 위에 서 있다. 무슨 의미가 있는 것은 아니다. 모든 것이 찰나에 찰나, 사연들이 더해지는 아픈 생, 가면을 쓴 속울음의 표정들, 그 신성한 의식. 살아있다는 의미는 인생의 묵은 때를 벗겨나가는 것. 절망의 군더더기를 덜어내는 것.

소리 내어 울라. 밀어내며 대지로 나아가라. 홍역을 앓는 붉은 물집을 터뜨려라. 생이란 잘 살아낸다는 답이 없는 것. 봄날의 텃밭에 씨앗을 뿌리며 흙을 파고 땀을 쥐어짜는 시간들. 씨앗들은 앞 다투며 생명을 움틔우고, 거짓말처럼 싹을 돋아내니 온갖 유희는 헛되고 헛된 것. 차가운 숨결이 살고 있는 세계. 봄날의 꽃봉오리가 다시 터지듯 어두운 창가 새벽부터 쇠박새가 사랑으로 울고 있다. 가슴이 울컥 뜨겁다.

## 어떤 귀향

차가운 골방 깊숙이
빈 공간 허무로 시간을 쌓는다
사각이 거울인 유리 벽 안에서
터널을 헤매는 새끼 고양이
잘못된 신호등 길 잃는 발걸음
시간의 강은 빠른 유속 따라 흘러 흘러
영혼을 잃어버린 쭉정이가 서있네
깊은 계곡 발끝 닿던 날
두 손잡아 주던 성녀님이 슬피 운다
나이를 다 먹어버린 늙은 고양이
허무의 골방에 길 잃은 생쥐처럼
생의 수레바퀴에 발을 옮긴다
페달을 밟을수록 돌아간다
어머니의 품으로

제4장

# 안아주기

# 눈

하늘에서
땅에 닿는 순간 열리는
마음길 하나

그대 나의 체온에 닿아
녹기도 전에 내리는
눈부신 길

그대는 하늘에서
나는 땅에서

우리를 이어주는
눈부신 길

**인연**

눈을 감으면 떠오르는 얼굴 하나가 있다. 아직도 당신을 원하지만 당신을 얻기 위해서 어떻게 싸우는지 모르는 나는 바보다.

배고프면 밥을 먹고, 화나면 화를 내고, 슬프면 우는 거야. 그리고 넌 왜 매일 내일 떠날 것처럼 모든 걸 먼지 하나 없이 정리하는 거야? 가방 하나만 들고 멀리 여행이라도 가서 왜 안 올 것 같은 사람처럼 보여주는 거야? 괜찮아, 잘못한 게 하나도 없는 네가 왜 아프고 도망치려 해. 괜찮아 괜찮아. 넌 소중하고 여전히 사랑스러워. 네가 살아낸 시간들과 살아갈 이유와 네 곁의 따뜻한 사람들을 생각해.

꽃비가 바람에 미끄러지듯 날려도, 가슴 놀래키는 소나기가 내려도, 낙엽이 우수수 바람에 휘날려도, 겨울과 봄의 경계 흰 눈이 쏟아져도 그 모든 것들이 찰나의 순간처럼 너는 무심히도 지나친다. 그 뒷모습이 보기 힘겨워 고개를 내밀지 못하는 오후 네 시. 짙어가는 그림자 같은 내 모습 하나 둘 떠나는 여행객들 사이로 나는 오늘도 숨바꼭질의 술래이다. 내 안에 빛나는 너에게로 직립하는 나를 원한다. 2층 좁다란 작은 복도로 또각또각 걸어오는 발걸음 소리를 상상한다. 생은 음침한 깊은 곳에서 몽환를 찾는 일이라며 들을 수 없는 멜로디로 그리움이란 이름으로 만들어 붙잡고 있다. 관습적으로 믿음적으로 아프지 않기 위해서 아픔을 찾아 더듬는 내 모습, 나는 그것이 사랑이라고 우겨본다.

그리고 아프면 아프다고 소리 내자. 너와 내가 서로를 지나치는 시간들을 덜 아프게 하는 흩어질 안개와 같다 해도 너를 사랑하는 몽환. 너는 어디에 있을까. 이방인이 되어 길을 잃었나.


노력하면 될 줄 알았다. 갈증을 느끼는 이에겐 따스한 한 모금을, 마음이 심란한 이에겐 고요함을 하얗게 쌓이는 눈처럼 덮어주면 될 줄 알았는데 누군가의 갈증은 너무 깊고 누군가의 마음은 너무나 아팠나 보다. 떠난 자리엔 흔적들이 무심히 남겨진다. 함께 섞일 수 없는 그들의 안식처. 봄비가 내려 선명하게 드러나는 것은 조금은 아프고 쓸쓸한 떠나간 이가 남긴 너무나 차갑고 너무나 고요한 산책로, 기억의 퇴적층이다


도시 대로변에 눈을 맞는 가로수 한 그루. 나무를 계속 스치는 차들은 넘쳐도 나무의 인연은 아닐 겁니다. 먼 여행의 끝에서 만난 가지 위의 흰 눈은 곧 녹겠지만 서로 부둥켜안았으니 인연일 겁니다.

## 바람에 날리는 눈처럼

눈 내리는 날,
당신이 몹시 보고파서
언젠가 함께 걷던
자작나무 숲으로 향했습니다
자작나무 숲에도 눈은
집요하게 내리고 있었어요
앙상한 가지 위에
내 마음 하나 얹어놓으면 안 될까요?
꽁꽁 얼어 서로 부둥켜안기를 바라는
내 마음 하나를.

도무지 알 수가 없습니다.
바람에 날려가는 것이 눈인지 나인지,
아니면 당신인지

## 그날을 기다리네

언젠가 잊혀진다는 것. 그 당연할지 모르는 일들을 생각하면 가슴이 저려온다. 모든 사랑과 추억과 그리움의 사연들은 내 가슴 어딘가 살겠지만 붉은 마음 한 움큼 잡아챘다. 보내기 싫은 가을자락을 주머니에 깊숙이 넣는다, 손끝 시리기 전에.

당신이 올 수 없을 거라고 생각했다. 기다리지 않았다. 빨간 신호등 앞에 멈춰 서 있었다. 주위를 둘러보니 길을 건너고 말았다. 알고 있었는지도 모른다. 당신을 부르는 일은 다시 절망을 확인하는 일이라는 것을. 아무 데도 없는 당신, 단단하게 앉은 딱지가 떨어진 줄 알았는데 깊게 곪고 있었다.

밀실 같은 침묵의 공간이 나의 강박신경증을 자극했다. 나란히 앉은 연인들의 속삭임과 나지막한 웃음소리가 햇살이 창가 모서리를 비집고 들어오기까지 텅 빈 자리에서 내뱉는 숨소리에 섞여 빈 공간을 채우고 있었다.

문이 열리고 그가 내게 다가왔을 때 얼어붙은 몸에 햇살 같은 숨결이 나의 아픈 기억을 녹여주었다. 그 사람이 말했다. 너 참 춥다. 넌, 참 추워 보인다. 텅 빈 하늘 위로 구름 조각들이 참 풍성한데 하늘로 향하는 돛단배에 마음 실어 주면 참 좋을 텐데.

지난밤 찬바람 실린 꿈 속 이야기가 가냘픈 어둠과 마주하고 침묵의 공간에서 오는 낯선 설렘이 심장을 차갑게 두드렸다. 지나간 봄의 뒤로 또 다시 새로운 봄이 올 텐데. 추워 보이는 나와 따스한 입김 불어넣어주는 당신. 마음속에 아련하게 번지는 당신을 어찌해야 할지.

어느 날, 내 인생 속으로 무모하게 걸어 들어온 그대. 겨울 들판을 걸어온 내 삶을 아파하였지. 온몸이 감기는 그대 목소리 뒤섞이는 시선과 마음의 포옹. 저녁 어스름 속 황혼의 들판에서 온 편지처럼 눈물 속에서 읽어간 우리의 사랑. 가슴속에 서로의 마음 접어 넣으며 내 살인 듯 피인 듯 소중하였네.

눈물로 만들었던 내 생 가운데 또 다시 눈물의 나날들. 오랜 세월 지난 빈 들에 나가 비로소 투명해지는 사랑이여, 내 사랑이여.

따스했던 봄날 길 떠난 나비를 기다리는 마음처럼, 애틋하게 기다리는 꽃처럼 봄볕에 함박웃음 터지는 그날을 기다리네.

## 구절초 꽃밭에서


구절초 피어난 들풀 숲속 거닐던 날
태양볕에 녹아들 것만 같은 풀숲 사이로
꽃 중에 여왕도 아닌 꽃 무리를 보았네

불볕 아래 들풀들 어울림 속에서
바람에 흔들리는 자태 하늘하늘
싱글벙글 웃고만 있네

웃음꽃에 피어난 고운 그 마음
삼각으로 접을지 사각으로 접을지
고이 접어서 내 가슴 빈방에 담고 싶더라

여름볕 속 땀 흘리던 내 얼굴은 굳어만 가는데

뜨거운 바람에도 뱅글뱅글 장단 맞춰 춤을 추니

한 아름 품에 안고 싶었다


타들어 가는 내 가슴 꽃이 되라고

타들어 갈수록 꽃이 되라고

## 나다운 나를 찾아

인형놀이를 했어. 인형은 주인을 기다리기보다 자리를 지키는 것이 중요했지. 사방이 유리벽으로 둘러싸인 가벼운 변명들, 텅 빈 주머니에 손을 감추지. 언젠가 자리에서 끌어내 옷을 벗기고 원치 않던 다른 옷을 입혀 놓겠지. 또 언젠가 창고에 누워 먼지를 덮은 채 살아갈 수도…….

있던 자리가 없어진다는 건 흔적 없이 사라지는 일. 그 인형, 입고 있던 옷을 기억이나 할까?

침실에서 바라보는 창을 열면 맑은 날의 오후 선명하게 보이는 외톨이 나무 하나 서 있어요. 무리 속에서도 홀로 서 있는 내가 그곳에 서 있는 것 같아요. 계절은 물들어가고 온몸을 뜨겁게 달군 바람과 함께. 잡고 싶지만 잡히지 않게 시야를 가리던 안개를 밀어내고 가을비가 짓궂게 내릴 것 같아요. 창을 두드리는 빗소리가 귓전으로 다가오면 나를 잡념 속에서 밀어내겠죠. 지난 여름날의 시간 속에서 그 어디쯤 서 있는 게 나다운 나일지 알게 되겠죠.

무슨 일을 하는가가 중요한 것이 아니라 어떤 환경에 서 있는 것이 나다운 나일지. 도착지점이 한 계절쯤 되는 버스를 타야겠다. 무료한 시간 잡념 속 무한공간을 날아보듯이 떠나야겠다.


아름답던 그 처음 날을 가슴에 품어 무엇할까? 곁의 모든 것들 세월 가듯 멀어지고 날아가는 것을. 그러나, 그러나 다시 새로운 것이 찾아오겠지.

## 불면의 날들

세상은 암흑이다
간간이 보이는 불빛들이
아파트 베란다로 고개를 내민다
가로등 아래
비틀거리는 그림자들이
침묵으로 서성이고
자동차 엔진 소리가 지나간다
넋두리도 달게 받아주는
수첩 하나 꺼내놓고
마음의 무게 하나씩 꺼내놓다가
까만 글자들과 손을 잡는다

경계해야 해

문장 속에 갇혀버릴 수 있어


귀에서 음악 소리들이

머리를 관통한다

실제는 고요하지만

망상은 소란스럽다

마침표를 찍지 못한다

암흑물질의 반복들

멈추고 싶다

## 밤의 침입자

몸을 꿈틀대며 방향을 바꾸는 시간, 나만이 느끼는 음원 소리에 더해진 이명이 연주를 한다. 눈이 떠지고 귀가 밝아진다. 잠이 멀어진다. 반짝이는 별들이 가슴속에 살고 있다는 그 흔한 노래 제목들을 발굴한다. 오늘 밤은 내 속에 자고 있는 깜깜한 친구에게 음악을 들려주고 싶다.

비 소식이 있나 보다. 달빛과 시커먼 먹구름이 흐른다. 절망의 패턴처럼 몰려온다. 비가 내리면 눈물은 솟아오를까? 틀어막고 있는 눈물샘은 왜 두 개뿐인지? 몸 밖으로 내민 슬픔을 통증 안으로 삼켜버린다. 유독 야심한 밤 목뼈가 아픈 것도 모른 채 멜로디에 숨어 손가락을 움직인다. 찰나의 행복이다. 나의 손은 살아났다. 한 페이지 가득 채울 나는 손가락이 있다.

신체 에너지가 가장 낮아지는 시간, 자는 동안 배출되는 통증은 무통각증을 부를 것이다. 속삭이는 멜로디를 귓전에서 춤추게 하고. 한 번 뒹굴고 손을 뻗어본다. 엎드려 꼼짝 않는 묶인 몸 손에 힘주어 돌아눕고 왼쪽 다리 올린 다음 다시 돌아눕기. 발가락에 힘을 주고 이불을 박차는 소리. 새처럼 가볍고 자유로운 발걸음을 떼게 될 다짐. 밤은 고비를 부르지만 내일을 나는 또 대기한다. 불안정한 기류 속에서도 나는 또 다시.


밤하늘 잿빛바람 불어오고 가야할 길은 미로 같았다. 아기새순 같던 소녀가 인생의 절반쯤 와버린 여자 되어. 이따금 여름 밤바다 펼쳐지는 은하수 빛줄기 헤아려 보는 때가 있었다. 미로 속을 걷다 지친 여자 갈 길을 잃은 새가 되어 은하수 하얀 빛줄기에 짓눌린 상처의 허물을 벗겨내고 있다.

죽음은 눈을 뜨고 있어도 안 보이는 것과 같고, 그리움은 내 눈 저편에도 널 볼 수 있는 것과 같다. 보이지 않는 것이 보이는 것보다 아름다운 사랑이다. 아는 것만 사랑해도 시간은 짧다. 얻어내고 만들어 가고 싶지만 내려놓지 않을 수 없다. 나뭇잎이 이슬을 아무리 모으려 해도 방울진 이슬은 결국 나뭇잎을 떠나게 되는 거다.


밤이 깊어질수록 소리는 크게 들린다. 갈대 숲 저편 숨은 바람 소리 들리듯.

# 왈츠


어느 날의 새벽,

고운 일탈 같은 감정의 기록들을 뒤적여본다

부끄러움과 당혹스러움 즐비하게 늘어선

가시 같은 단어들을 다듬고 또 다듬고

고운 얼굴로 만들기까지의 흔적들


내가 처음 보았던

벼랑 끝의 들꽃무리들과 풀내음이

숨죽여 곤히 잠들어 있다


다시 시작되는 계절

또 다시 나는 몇 겹의 옷을 지어 입고

다시 지어 입을까

피아노 건반들이 뒹굴면

울리는 건반 위의 선율이 나를 감싸안는다

연약한 발톱으로 할퀸 흔적들은

붉은 물이 잔뜩 올랐는데

왈츠를 추고 싶다

# 틈

저는, 소외되거나 일상에서 쉽게 지나치는 것들을 사진에 담는 편입니다. 길을 걷다 틈이 벌어진 바닥을 보았습니다. 사진을 찍으며 생각해 봤습니다. 비집고 들어갈 틈이 없네. 완벽한 사람에게 흔히 하는 말이기도 하죠. 완벽한 사람은 그래서 차갑게 느껴지기에 다가서기도 힘들고요. 틈을 갖는다는 것. 때론 내가 더 성장하기 위해서도 필요하다는 것.

누구든 모든 분야에서 완벽할 순 없습니다. 내가 틈을 보여야 누군가 나를 위해서 비집고 들어올 테니 결과적으로 내가 성장할 수 있겠지요. 여기서의 틈은 허술한 틈, 빈 틈이 아니라 내가 내어주는 틈이 되겠지요. 빈 틈을 노리고 들어오는 사람은 도둑처럼 내 것을 뺏어가는 사람이니.

틈을 보인다는 것은 배려일 수도 있겠단 생각이 들었습니다. 난 널 경계하지 않기에 틈을 내어주니 넌 편하게 들어와도 좋다. '틈'이라는 단어는 허술하고 부서진 듯한 부정적 의미가 강하다고 느꼈었는데, 오늘은 긍정의 생각들로 발상의 전환을 해보았습니다.

한 가지 더 생각해보았습니다. 구멍이 숭숭 뚫린 유리창은 강풍에도 깨지지 않고, 빈틈이 많은 스펀지가 쉽게 물을 흡수하고, 얼기설기 쌓은 테트라포드는 강한 파도에도 견뎌내고, 빈 틈이 많은 돌은 수중생물의 안식처가 되고.

## 안아주기

회색 빛 도시에 사람들의 물결이 밀린다. 앞이 보이지 않아 누가 어디로 가는지 왜 가야 하는지 아무도 모른다.

누구는 걷고 누구는 차를 타고 누구는 웃고 누구는 울며 끝없는 물결에 밀려가는 끝없는 행보. 의식되지 않는 시간에 오롯이 깨어있는 건 내가 기대고 있는 가로수 하나.

두 손이 따스한 것은 시린 가슴과 차가운 손을 녹여주기 위한 것입니다. 누군가에게 따뜻한 온기를 전해주고 있으신가요? 방법은 너무 쉬운데 어렵다고 생각하고 있진 않나요?

## 코스모스

들길 한 모퉁이
외로운 코스모스

가을이 다 가도록
그려보던 그대 생각을
말로는 전하지 못해
몸짓으로 보낸 추파

알아줄 이도 없는
하늘을 향해

혼자서
하늘하늘
하얀 고갯짓

## 여행객

아침에 산에 다녀왔어요. 곧은 나무숲 가운데 구부러진 소나무를 보았지요. 바람도 차고 거세지고 있더군요. 올해는 이상기후로 그 자릴 지키느라 참 고단했겠어요. 천년을 지키고 그 마음 변함없이 그 자릴 지키고 고스란히 찬비가 거듭되고 시간이 지나면 서리가 앉을 텐데 눈과 비를 맞으면 얼어갈 텐데 휘어진 등과 안쪽 가슴 얼마나 시릴까요. 골이 깊어 휘어진 안쪽 가슴이 시름시름 올 겨울 얼마나 아플까요. 제가 있는 곳은 유난히도 가을이 짧아요. 유독 추위에 약해서인지 벌써 겨울이 그려지네요.


햇살이 수면으로 빠져 들어가 한 폭의 산수화에 노을빛 물을 들이면 붉게 타는 태양을 건져보려고 갈대는 어부처럼 호숫가에 그물을 친다. 호수는 쏟아지는 노을에 머리를 감고 시인은 밤으로 가는 길목에 까만 점으로 남아 돌덩이처럼 무거운 침묵이 된다. 노을 드는 겨울 호수에 서면.

철이 난 청춘이 되고 나니 찾아오기 힘든 오지의 마을로 떠나고 싶다. 이유 없이 혼절하곤 했던 시절 우연히 만났던 스님은, "자네는 속세를 떠나 자연 곁으로 함께 물들어 살아나가야 할 운명이네."라고도 했다. 부딪히는 모든 것들이 아귀 맞지 않는 문짝처럼 삐걱거리며 부대끼었으니 마음 붙일 곳이 없었는지도 모르겠다. 운치 좋은 호수를 앞에 둔 아파트 불빛이 아름답지만 고독한 내면에서의 나를 만나고 싶다. 마음은 늘 밤하늘 달빛처럼 환하기만 하다. 이따금 아름다운 것들은 왜 약속도 없이 떠나가야만 했을까 생각해본다.

호수 위로 별빛이 반짝이는 눈물처럼 아른거린다. 식어빠지고 차가워진 물병을 안고 있는 기분. 들숨과 날숨이 교차되는 이 시간과 하루하루가 나와 당신 이웃과 사람들 모두의 나날들에 기쁨이 가득하기를, 허무적인 삶이 아니길 소망해본다.

눈 내리는 날이면 밤 기차를 타고 싶었다. 철길 아래 터 잡은 시골 마을 어둠 속을 밝히는 아득한 불빛 검은 터널 속을 빠져나올 때, 오래된 기차 힘겨운 고갯짓 밖으로 차창 밖 흐린 불빛을 토하는 호수가 있는 마을 숙소에 자리를 잡고, 내리는 하얀 눈에 뿌연 마음 닦아낸 맑은 눈을 뜬 소녀로 돌아가고 싶다. 멀리 있어 닿지 못하는 마음을 싣고 밤의 여행객이 되고 싶다.

## 양지를 그리며

손끝 아리도록 시려오는 겨울날, 간밤에 맵게 불어온 북풍 앞에 떨던 새벽 별. 먼동이 트면 햇살의 온기 찾아서 버려진 기억 주워 담는 거리로 나선다.

고사목의 나이테처럼 주름진 두 손. 새벽의 거리. 낡은 의자 위에 아파트 한 길 건너 불 꺼진 상점 앞에 기대 쉬며 걷는 거리의 길목마다 소싯적 추억을 곱씹어 보는 폐품 조각 거두어내는 풍금을 울리는 소리. 세월과 인정의 그리움.
새벽녘 거리로 나서는 꼬부랑 할머니 리어카에는 가뭄 날 논바닥 같은 두 손이 흐드러지게 벚꽃 피던 봄날을 담는다.

봄바람이 유독 차고 강하게 느껴질 때가 있다. 봄이기에, 봄이라서 주는 따뜻함과 반짝이는 연둣빛의 싱그러움이 맑은 기운을 심어준다. 그 봄의 기류를 시샘하듯 봄바람은 차다. 꽃샘추위는 지나갔지만 오늘도 하루 종일 바람이 맞으며 낙화한 꽃잎들이 쌓인 거리를 보며 거리를 걸었다. 피워낸 꽃도, 향기를 내뿜고 있는 꽃도 아름답지만 낙화한 꽃잎들의 아름다움에 마음이 이끌리는 이유는 뭘까?

## 내게 희망이란 것은

세상이 아프다. 추락하는 이들의 쓰라린 실패와 참절의 고통들. 뽀드득 눈길을 밟다보면 꿈에서 깨어나는 기분일 때가 있다. 눈이 녹아 사라지는 길에서 무의미라는 벽을 마주했었다. 삶이란 시시각각 부딪히는 치열한 전쟁 같은 일. 인생의 모든 것이 미정인 상태에서 시간은 늘 부족하리만큼 빨리 흐른다.

봄이 오면 다시 꽃은 핀다. 때아닌 강풍에도 가지마다 풍성한 꽃잎으로 다시 뽐낼 봄꽃들의 자태에 나는 여전히 앞으로 가고 있으나 때로는 미로 속에 마냥 서 있는 기분일 때가 있다.

아무것도 아닌 것 같은 들풀들이 지극히 사소하고 낮은 존재 같아도 끝없이 변하는 환경 속에서 강인한 모습으로 생의 주기를 이어가듯 미처 깨닫지 못했던 시간이나 어긋난 시간에서 수많은 감정의 균열과 분열의 간극 같은 우리들의 겨울에 다시 봄날은 온다.

눈을 감고도 거울 앞에 설 수 없던 나. 숨죽이고 지켜보는 거울의 뒤편에는 꽁꽁 얼어붙은 겨울 찬바람이 불고 있었다. 겨울 속에 살고 있던 나는 무엇이 두려웠을까? 아름다운 봄을 두려워했는가? 봄의 기운이 온 몸을 감싸기 시작할 무렵, 이빨이 시린 칼날 같은 찬 기운의 겨울이 무너지기 시작한다. 거울 앞에 서면 들려오던 메아리가 멀리 떠나가려는지 새눈을 뜨고 봄을 바라본다.

12월의 끝자락에 서서 물끄러미 달력을 바라본다. 또 휙 지나가버리는구나. 올 한해도 만삭이 된 산모의 모습처럼 막달이다. 시곗바늘은 느닷없이 불어온 회오리바람에 날아 올려 보내듯 작별인사를 준비한다. 연둣빛, 초록빛의 계절과 붉은색 계절을 지웠다. 순백의 하얀 계절이 오기까지 불어왔던 뜨거운 입김들. 아찔했던 햇살을 밀어내기까지 쉽게 아물어질 슬픔도 아니란 현실을 안고 살면서도 캄캄한 밤길을 걷던 어두운 시선과 마음의 머뭇거림 속에서도 잘 견뎌내며 살아냈다.

다가오는 새해에는 여백을 만들어가며 가벼워지자. 목화솜 같은 하얀 겨울 안에서 이따금 뒤돌아서면 빛바랜 노트와 연필, 지우개에서 지난 사계절을 다시 찾을 테지만, 마음속 박혔던 가시들은 미끄러워진 눈길 위로 뽑아버리고 하늘 아래 찬바람 속에서도 꺽이지 않고 살랑이는 갈대처럼. 살을 도려내는 칼바람이 몰아쳐도 꺽이지 않는 갈대가 바람에 춤을 추듯 아픈 기억은 쓸어 보내고. 바람에 눕지 않는 갈대처럼 살아가자. 겨울 하늘 아래에서도 소담스럽게 예쁘게 하늘을 색칠하자. 향기로 노래로 속삭임으로.

마음에 농사를 짓는다. 내가 지을 농사에 필요한 성질에 맞는 토지를 구입한다. 일정량의 씨앗도 농기구도 내가 흘릴 땀과 육체의 노동을 견딜 힘. 그에 따른 공부도 필요하다. 무엇인가를 가꾸고 키우는 것은 무지해서는 잘 되는 것이 없더라. 늘 농사의 결실을 얻을 날을 그려가며 희망을 품고 노력하며 살아간다. 때때로 희망이란 녀석은 작고 소소한 것으로 치부해버려 마음이 단단하질 못하면 쉽게 잃어버리기 쉽다.

위대한 결실을 얻을 기대가 아니라 순간순간 노력하고 정성을 쏟는 것 그 자체가 희망을 품은 것이고, 그 자체만으로도 고되고 힘든 하나의 수련과정일 수도 있겠다고 생각한다. 아무리 좋은 농자재, 재료들이 있다 한들 시동조차 틀지 않은 기계처럼 서 있다면 마음에 농사를 지을 수는 없겠지. 씨를 뿌리며 손과 발에 흙을 묻히다가 상처가 나는 것, 통증을 느끼는 끝에 눈물이 나는 것 이 모든 게 꿈이고 희망이며 노력이다. 이 모든 게 사랑할 수 있는 힘을 가진 것이다.

높은 곳이 아니더라도 한 계단, 한 계단씩 오르며 나 스스로가 하루하루를 견디는 것. 모든 것이 꿈이 있기에 희망이 있기에 그것들을 위해 작은 노력들을 버리지 않는 것. 그 하루하루가 쌓여 나의, 나만의, 혹은 누군가 함께 얻을 수 있는 열매를 가지게 될 시간들. 이런 마음으로 가슴에 희망을 품고 오늘도 하루를 시작한다.

태풍이 쏟아져, 겹겹산처럼 막아서고 칠흑 같은 시간 속에서도 변치 않는 한 줄기 빛이 있으니 환해지리라. 태풍에도 어둠에도 너는 견디리라. 두렵지 않으리라.

## 하늘이 파랗게 열린 날

추악하고 참담한 일들이 많았던 수많은 계절들의 슬픔들은 약간의 베일을 씌우고 약간의 안개로 가려져야 한다고……. 오늘 같은 날은 이파리들이 모두 떨어진 앙상한 마른 나뭇가지 사이로 보이는 청명한 가을 하늘이 푸른 바다의 물결처럼 큰 슬픔으로 밀려왔다.

하늘이 파랗게 열린 오후 낙엽이 떨어집니다. 한 잎 두 잎 마지막 남은 떨림 앞에 바람도 숨죽여 내려앉고, 햇살도 낙엽 위로 하얗게 떨어집니다. 긴 가뭄 목마름으로 애태우던 일 폭염을 견뎌내던 인고의 시간 보낸 일도 누렇게 보낸 이파리에 꼭꼭 담아 보내려고.

## 새 옷을 입어보세요

연두빛들. 이 봄의 처음 이파리 아스라이 피어나는 설레임. 뒤척이던 겨울을 이겨낸 뒤로 앞서거니 뒤서거니 함께 한 그들. 혼자서 피워낼 수 없는 사랑의 풍요. 혼자가 아니라 숲이었다. 모두가 함께하는 사랑이었다.

새벽부터 봄비가 끝도 없이 내리네. 눈물을 쏟아내네. 잠 못 이뤄 뒤척이는 나를 깨워 사색으로 몰아넣고 처마 끝에 매달리며 창문을 두드리는 애잔한 음률. 어둠의 장막에서 이어지는 빗줄기 끊어질 듯 이어지는 변주곡 되어 여린 듯 강해지고 느린 듯 빨라지는 깨어있는 이를 위한 봄의 향연을 더욱 애태우는 미명의 울음. 먹먹한 속마음 달래는 창밖을 흐르는 풍경소리.

얼어붙었던 흙 속에서도 생명은 꿈틀대고 있었습니다. 겨울이 떠나간 자리 연둣빛 봄이 손짓을 합니다. 아프지 않은 생은 없습니다. 살아있는 모든 것들은 때로는 살아있다는 그 이유만으로도 아프기도 합니다.

그 시간들이 하루가 되고, 그 하루하루가 모이면 언젠가 열매가 풍성한 나무로 성장하겠지요. 우리 모두의 만남은 설레며 기쁜 사건이며 눈물과 미소가 함께하는 날들입니다. 오래도록 지속되는 아픈 날들은 없습니다. 상처가 깊게 패인 오래되고 얼룩진 헌옷은 헐어버린 마음 다루듯 정리하시고 다시 찾아와 싹을 틔우는 봄의 푸른 모습처럼 새 마음이 되어 새 옷을 입어보세요.

## 흔적

참 신기하다. 몸이 피곤하다고 혓바늘이 돋았다. 혀를 많이 사용한 것도 아닌데 혹사 시킨 몸과 정신은 멀쩡한데 엉뚱하게 혀에 상처를 남겨 나를 고통스럽게 한다.

삶도 사랑도 아무렇지 않게 지나온 듯하지만 엉뚱한 곳에 상처를 남겨 아프게 한다.

다행인 것은 혓바늘은 혀가 스스로 치유한다는 것. 잠시 아플 뿐 알아서 사라지는 혓바늘인데 그 고통에 심취하여 고통을 지속시키는 어리석은 나의 모습을 본다.

하얀 도화지 가득 색칠을 하였던 날, 손가락 끝에 알록달록 묻어 있는 크레파스에 더 신경이 쓰였던 시간들…….

그 흔적들이 슬프지 않기만을 바랄 뿐이다.